浏阳历史文化丛书

浏阳简史

李兆佳 著

岳麓书社·长沙

浏阳历史文化丛书

序

黎春秋

在全面建成小康社会、实现第一个百年奋斗目标，迎接中国共产党成立100周年的前夕，中共浏阳市委决策、市政协主持编撰的“浏阳历史文化丛书”即将付梓，这是具有深远历史意义、重要现实意义的大事、好事。

浏阳地处湘东，位于吴头楚尾的湘赣边界。周边与铜鼓、万载、宜春、上栗、长沙、株洲、醴陵、平江等市县为邻。境内山丘绵亘，西、南稍平衍，东、北半山谷，浏阳河横贯其中，萦回百折，西流注入湘江。以城区为中心，浏阳自古被分为了东南西北四乡。东乡、西乡分别为浏阳河流域的上游和下游地区，捞刀河流域为北乡，南川河流域为南乡。全市面积5007平方公里，现有人口150万。

“江海狂澜尽东倒，却输浏水尚能西。”这里气候温和、雨量充沛、山川秀美，自古以来钟灵毓秀、物华天宝、人杰地灵。在远古时代，境内已有人类活动，他们留下了原始社会的踪迹。考古出土文物证明，距今约15万年前，浏阳土著居民已繁衍生息在这块土地上。《三国志》记载，东汉建安十四年（209），孙权拜周瑜为偏将军领南郡太守，以浏阳为其四俸邑之一。浏阳之名始见于此，千年古县从此启航。

建县以来，人文蔚起，人才辈出，薪火相传，弦歌不绝。晋代易雄，忠义千古；宋代汤璹，清风峻节；元代欧阳玄，文章道德卓然名世；明代张武，南征北战屡建奇功。清代自欧阳中鹄、刘人熙、涂启先三先生，尤其是从谭嗣同开始，浏阳人民参与了中国历史上追求解放和真理的每一个进步活动浪潮，涌现了一代又一代的杰出人物。从戊戌变法到自立军起义，从萍浏醴起义到辛亥革命，从土地革命到抗日战争，从社会主义革命到改革开放，浏阳人民始终站在时代发展的前列。谭嗣同、唐才常为探索救国救民的道路，不惜流血牺牲，肝胆相照，气壮昆仑；焦达峰、陈作新接过谭、唐的接力棒，“首应”武昌起义，“浏水堕泪”“十日千秋”；毛泽东同志三次踏上浏阳的土地，把革命的火种播撒在浏阳河两岸，无数浏阳儿女追随毛泽东同志走上了革命道路。在艰苦卓绝的革命战争年代，浏阳人口减少 20 万人，被追认为革命烈士的有 2 万人，一部分幸存者成长为党和国家的栋梁之材，如胡耀邦、王震、宋任穷、王首道、杨勇等。正如浏阳著名的特产烟花爆竹一样，浏阳以自己的牺牲和奉献，写进了中国近现代历史的长卷中，形成了“自强不息、敢为人先”的浏阳精神。

浏阳还是礼乐诗歌之邦，保存至今的浏阳祭礼雅乐被誉为“中国古代音乐的活化石”，举行祭祀的文庙至今享有盛名。一首《浏阳河》脍炙人口，唱遍全中国，传唱全世界。诸如浏阳文庙、文家市秋收起义旧址和大围山、浏阳河等名胜山川，以及众多的文物保护单位，都是浏阳享誉全国、走向世界的宝贵资源。

中华人民共和国成立以来，浏阳经济、社会、文化等各个领域蓬勃发展，成就骄人。在改革开放的伟大征程中，浏阳从实现“进百强、冠三湘”到“挺进三十强、再创新辉煌”，再到“建设两个中心、进军全国十强”，每走一步都创造了历史性的成功经验，走出了一条县域经济发展的特色之路。特别是近年来，我们坚持以习近平新时代中国特色社会主义思想为指导，认真贯彻中央、省、市决策部署，深入实施创新引领开放崛起战略，牢牢把握“在区域谋发展、在全国争地位、在全球引资源”战略定位，推动县域发展迈出新步伐。2020 年，全市实现地区生产总值 1493 亿元，增长 4.7%；地方一般公共预算收入 93.4 亿元，增长 5.33%。在全国百强县排名中，浏阳县域综合发展、县域经济基本竞争力、工业百强县、营商环境百强县分别跻身第 9 位、第 11 位、第 11 位、第 19 位。

抚今追昔，我们倍感先辈们留下的历史文化遗产无比厚重，中华人民共和国成立以来社会主义建设的成就无比辉煌。值此中国共产党成立一百周年之际，编辑出版一套全面、系统反映浏阳历史文化的丛书，既是全市开启建设现代化城市大局的需要，也是全市人民的期盼。浏阳文史工作者在浩如烟海的古籍文献中爬罗剔抉，在写满故事的浏阳大地掇菁撷华，耗时三年，终于编撰成一部“浏阳历史文化丛书”。丛书一共 10 册，约 300 万字，近千幅图片，内容包括简史、名人、名胜、非遗、文物、诗文和民俗七大类，从多方面揭示了浏阳悠久历史的渊源和深厚、独特的文化底蕴，让人从中感触到浏阳历尽沧桑而始终保持着青春活力的千年律动和文化之魂。全书以史为据，选材真实、准确，文字生动，可读性强，可说是一部知我浏阳、爱我浏阳的百科全书，更像一座谱写浏阳人民艰苦奋斗历史壮丽华章的里程碑。全市人民定能从中汲取力量，推动浏阳经济文化大发展大繁荣，在实现社会主义现代化的历史征程中阔步前进，走向新的辉煌。

是为序。

2021 年 6 月

作者系怀化市委副书记、市长，长沙市委原常委、浏阳市委原书记

序

朱东铁

“五十里水路到湘江”，《浏阳河》这句朴实却又意境深远的歌词，一下就抓住人心，给我们展示了浏阳河袅袅婷婷、不舍奔流的秀美和沉稳，以及源于历史、开拓未来的深度和力度。

它更大的惊喜在于，当我们去关注、了解这片古老土地时，一座华美的文化殿堂赫然山立，悠远深邃，步步皆景，让人流连忘返：吴楚交会，是为通达之地；三山纵横，写尽雄浑之姿；樟树遗址，见证文明滥觞；浏阳八景，凝聚厚重人文；变法志士，开启近代呼喊；红色记忆，留存历史风云……

在生生不息、守望传承中，我们的祖先历尽艰辛，寻找、开垦、建设这块乐土；历史恢宏的阵仗里，杰出的人物光彩熠熠，灿若星河。三国周瑜少年英雄，羽扇纶巾，谈笑破敌；东晋易雄力抗叛军，杀身成仁，忠义流传；明代邓巍忠于谏议，弹劾严嵩，直面廷杖；清代谭嗣同力主维新，以身殉国，警醒世人。这，是浏阳之刚烈。

“元四学士”，文章道德，卓然名世；邱之稑精研音律，大胆质疑，修正古乐；“浏阳三先生”严谨治学，各有大成，世人推崇。这，是浏阳之风雅。

工农大纛淬炼于秋收烽火，革命精神激扬于历史风云。因为小石头可以砸破大水缸的信念，无数浏阳人选择了跟党走，跟红旗走，在艰苦卓绝的革命斗争中，这片红色的土地涌现了党和国家领导人胡耀邦、王震，以及30位开国将军；江山多娇养育铮铮风骨，文史流芳结出累累硕果。在风起云涌的大背景下，浏阳人既能睁眼看世界，也能俯身做学问，欧阳予倩、王人美等一大批教科文卫名人在各自领域的成就令世人瞩目。这，是浏阳之风骨。

风云长啸，江山留痕。到铁岩关下，石霜寺前，找一个时空割不断古今的理由；入浏阳文庙，金江书院，倾听文化发轫的律动；在伟人故居，革命遗存，接受前赴后继革故鼎新的精神洗礼。因为眷恋，我们记录；因为热爱，我们歌颂。于是，礼乐诗歌成为了这片土地另一张亮丽的名片，成为了湖湘文化举足轻重的一极。

所以人们说，“一方水土养一方人”。沧海月明，蓝田日暖。在浏阳的山山水水之间，从久远走来，向深远迈进的一切，或沉吟于丘壑，或闪耀于典籍，或传播于街巷，或激荡于人心。凡此种种，都是历史对浏阳的眷顾，在这座山城的煌煌千年之旅中，烙下了深深的印痕。而古往今来的文化交汇，兼收并蓄的包容心境，胸怀天下的广阔视野，博采众长的学习能力，勇立潮头的担当精神，敢为人先的磅礴气度，成就了浏阳人文不可复制的个性和特质。

联合国教科文组织提出：“发展最终应以文化概念来定义，文化的繁荣是发展的最高目标。”浏阳的文化，扎根于围山之下、浏水之滨，从刀耕火种一路走来，裹满了历史的伤痕和荣光。而它不可遏抑的前行，又记录和推动了社会经济长足的进步。从国家级贫困县迈入全国百强县前列，从偏处湘东一隅到崛起为湘赣边重镇，是传承千年的浏阳文化，给我们筑好了瑰丽的精神家园，赋予了独特的思维方式，呵护了历次果敢的出征，激发了强大的创造能力。

《周易》有言：“观乎天文，以察时变；观乎人文，以化成天下。”我们由衷感谢“浏阳历史文化丛书”的编撰——长揖历史，仰望人文，朝圣的路上有了向导；抚今追昔，振奋精神，幸福的大业有了底气。组织编撰这套丛书，内容涵盖了山水风物，历史人文，民俗风情，文学艺术等方方面面；组织编撰这套丛书，深入挖掘了浏阳的历史文化资源，全面展现了浏阳绚烂的历史文化风貌。这是文化自觉和责任担当的体现，是梳理历史和整合文化资源的结晶。

2021 年是中国共产党成立 100 周年，是“十四五”规划的开局之年，浏阳发展将翻开崭新的篇章。积极融入省（长沙）市发展大局，践行“三高四新”战略，在新发展阶段和新发展格局下，充分发挥“自强不息，敢为人先”的精神，主动作为，创造作为，有力作为，这是浏阳的历史使命。“浏阳历史文化丛书”的出版，正当其时，它记录下浏阳色彩斑斓的千年征程，凝聚起千万人开拓进取的宏伟力量，必将为浏阳的城市建设和经济社会发展提供强有力的文化支撑。

是为序。

2021 年 6 月

作者系长沙市委常委、浏阳市委书记

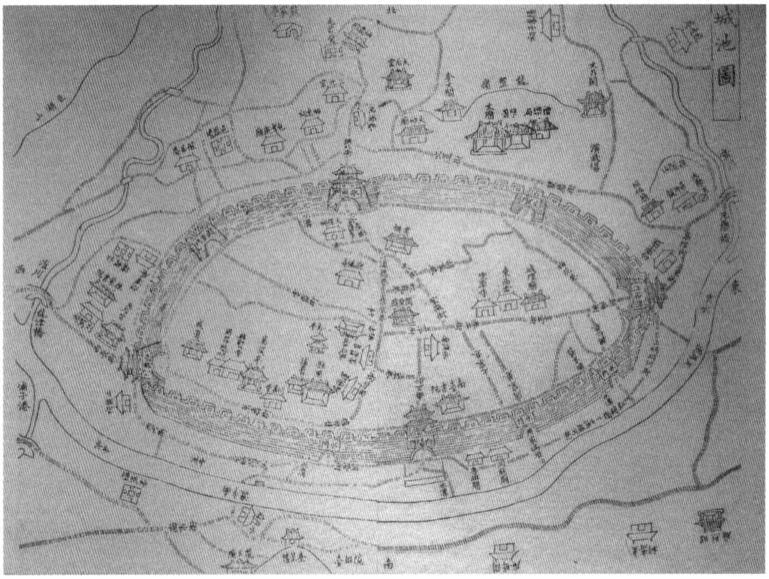
城池圖

前言

浏阳地处湘赣边境，湖南省东部偏北，省会长沙市的正东方。它地处湘中丘陵与洞庭湖冲积平原过渡地带的长浏盆地的东端，浏阳河、捞刀河、南川河和大围山、连云山、九岭山等“三河三山”镶嵌境内。发源并主要流经浏阳境内的浏阳河和捞刀河，作为湘江的15条重要支流中的两条，是长浏盆地和湘浏河谷的生态和文化源头。浏阳属中亚热带季风气候，温和湿润，季节变化分明，大自然的造化和厚爱使得域内雨量充沛，气候温润。优越的地理条件为浏阳人民的生存栖息和发展成长，提供了千里沃野和阳光雨露。

人类很早就在浏阳这片沃土上繁衍生息，境内众多旧石器、新石器和商周遗址，闪烁着远古文明的火花。位于浏阳市永安镇芦塘村北的芦塘旧石器出土点，相对年代为距今20万—15万年前，这是长沙境内迄今为止发现的最古老的人类活动遗迹。而浏阳樟树潭遗址，则是长沙地区新石器时代大汶口文化和龙山文化的典型代表。这些考古发现反映出湘浏河谷的浏阳先民在漫长的远古岁月里进行了艰难的早期文明跋涉。浏阳境内先后发现龙山晚期至商周各类文化遗址20多处，陆续出土了一批商周至战国时期的青铜器，这些青铜器文物的出土，说明地处湘东边陲的浏阳几乎与中原同步进入青铜文明时代。

春秋早期，楚人进入湖南并在后来入主斯土，湖南地区的生产力水平随之得到较快发展，楚人创造的艳丽的丝绸、神秘的青铜器、精美的玻璃和漆器，以及浪漫的楚辞，都在南楚大地上的湘浏河谷留下过浓重一笔。据最新考古发现成果，浏阳市古港镇古城村有一处古城遗址，是一座延续时间下限可能至西汉早期的战国古城，是迄今为止发现的湖南最东部的早期城址。这一重大发现表明浏阳地区在楚人进入湖南后的战国时期就已经拥有重要地位，甚至可能已经是县级行政区域。

关于浏阳（刘阳）之名最早的文字记载出现于《三国志》卷五十四《吴书·周瑜鲁肃吕蒙传第九》。东汉建安十四年（209），孙权拜周瑜为偏将军，领南郡太守，以浏阳为其四俸邑之一。此后浏阳先后作为鲁肃、吕蒙俸邑和潘濬家族世袭食邑。至东晋末、南朝（宋）初刘阳县名改为浏阳，并一直使用至今，其中在隋大业三年（607）至唐景龙二年（708）一度省入长沙县。复置以后，地处湘东一隅的浏阳，经历过唐宋时期文学、宗教的盛年锦时，留下过医学、农业和采矿业发展的神来之笔，在时间的长河里不断前进，直至进入近现代，敢为人先的浏阳人不断浴血进取，使浏阳逐渐成为举世闻名的湖湘名邑。

中日甲午战争以后，在暮气沉沉的清朝政府中一批有志之士开始维新变革，谋求国家富强之路，其中以浏阳人谭嗣同、唐才常等为首的维新人士在维新运动中发挥了积极作用，并成为中坚力量。谭嗣同变法牺牲后，“总角交”唐才常接过了谭嗣同救国救民的接力棒，用一场起义实现了维新运动向革命运动的转变。虽然他们的变法维新和救国实践失败了，但用自己的牺牲唤醒了国人，成为中国民主革命觉醒的先行者。

1911年爆发的辛亥革命，是中国旧民主主义革命的高潮。湖南长沙成为武昌首义的“首应”城市，在这推翻几千年的封建帝制、走向共和的启幕时刻，冲锋在前的就是被誉为“三湘二杰”的两个浏阳籍青年英杰焦达峰和陈作新。焦、陈作为近代浏阳除谭嗣同、唐才常外的另两位杰出人物，被载入了中国近代推翻两千年封建帝制、走向民主共和的伟大史册。

毛泽东作为马克思主义在中国最早的宣传者之一，也是浏阳新思想、新文化最早的播种者。在新思想和新文化的传播过程中，毛泽东结识了一批来自浏阳的同道好友，其中就有来自浏阳西乡并帮助毛泽东办理“二十八画生”征友启事的陈昌，“二十八画生”征友征得的“三个半人”中第一人的浏阳东乡的罗章龙，最早加入新民学会的浏阳人之一、毛泽东的同学、来自浏阳南乡的陈绍休等。在毛泽东的指导下，新思想和新文化在浏阳得到了迅速传播，为马克思主义在浏阳的传播做好了思想铺垫。

从1919年至1949年的30年里，敢为人先、充满血性的浏阳儿女，积极投身到轰轰烈烈的大革命、土地革命和民族解放的热潮中，前赴后继，不畏牺牲，使浏阳成为湘鄂赣苏区的核心区域和红色摇篮，为中华人民共和国的成立做出了巨大的贡献。

本书所撰述的就是从史前至1949年解放前的浏阳不断发展前进的历史篇章，主要包括浏阳古代和近代经济社会发展的主要内容和所发生的重大事件概略。

本书的纪年方法，帝制时代按当时年号纪年，括注公元纪年，中华民国时期则酌情混用民国纪年和公元纪年。帝制年份和民国年份用汉字数字，公元纪年用阿拉伯数字。同一段内连续出现同一年号时，只在首次出现时使用朝代年号或民国字样，并括注公元纪年，其余各次均只记年份。

本书在写法上，除按照史书的一般写法逐年记述历史外，每个专题均选取该段历史时期发生的典型人物或事件进行突出展示和重点讲述，有的专题在文末还对重大历史事件作了简要点评，以便带给读者更多的启示。除受历史资料掌握多少的影响外，尽可能做到重点突出、记述得当、详近略远。

本书所使用的地名和行政区划名称，均按不同时期的原称谓来表述，必要时括注今名。鉴于丛书中另有关于浏阳人物的专册，故本书所涉历史人物一般只言及与浏阳高度关联，并在历史发展进程中特别突出的代表人物，在此特作说明。

目 录

第一章

文明星光

—— 先秦秦汉时期的浏阳

浏阳是一片历史沃土，人类很早就在这片土地上繁衍生息，境内众多的旧石器、新石器和商周文化遗址，记忆着这片土地远古文明的星光。古代浏阳地属荆州，一泓浏水自古流淌，因县城位于浏水之北而得名。地域历史悠久，文化源远流长，先民筚路蓝缕，开拓不息，至东汉建安十四年（209）开始有置县文字记载，历经沧桑巨变，千年古邑在历史的长河中不断负重前行，迸发出耀眼的火花。

第一节

别有洞天

——浏阳境内的地理环境

“浏阳河，弯过了几道弯，几十里水路到湘江……”清晨，当一轮红日从湘东大围山巅喷薄而出，一座美丽的城市便出现在湘东大地上，一条秀美的河流像玉带一样在朝霞中穿越这片土地，滋润着一方沃土，然后流入湘江，这条河流就叫浏阳河，这座城市就是闻名世界的花炮之乡和千年古县——浏阳。

浏阳，作为名传宇内的千年古邑，有着得天独厚的地理环境。它地处湘中丘陵与洞庭湖冲积平原过渡地带的长浏盆地的东端，浏阳河、捞刀河、南川河和大围山、连云山、九岭山“三河三山”镶嵌境内。大自然的造化和厚爱使得域内雨量充沛，气候温润。优越的地理条件为浏阳人民的生存栖息和发展成长，提供了千里沃野和阳光雨露。

1. 区域位置

浏阳位于北纬 27° 51′ — 28° 34′，东经 113° 10′ — 114° 15′，地处湘赣边境，湖南省东部偏北，省会长沙市的正东方。市域内浏阳河、捞刀河及南川河分别汇入湘江及渌江，大围山、连云山、九岭山为域内主要大山，浏阳河为湘江一级支流之一。

同治十二年（1873）刻本《浏阳县志》卷二《舆地一》载：“（浏阳）疆宇广，民生遂，赋税可埒上邑，是以元曾升中州。其地扼江西，枕岳阳，踞长沙上游，俨然东方门户；深山大壑，错互其中，称奥区焉。”其“星野辩考”条云：“浏阳隶长沙，距府治百五十里，在轸分。《晋书·天文志》：‘长沙入轸十六度。’轸中长沙星，主长沙地。其星在寿星次，黄道经度八度半强，纬度南十八度少，赤道经度百八十度少强，纬度南二十度强。浏阳共占之。”

又言：“浏阳在省城东，测北极出地二十八度九分三十秒，视省城测极低三分三十秒。西法分周天三百六十度，度六十分，分六十秒，地居天中，与天度相应，南行二百五十里则北极低一度，北行反是，盖在天一度，在地二百五十里。浏距省百数十里，测极仅低数分，实同度其星，占固当相同。”“浏无专星，诸言轸星者具在史，不复述。若长沙一星，固浏所属。”

地理学以及中国传统星相和天文学记载均表明，浏阳在区域位置上与长沙紧密相连，不仅扼守湘浏盆地东端，而且星野同轨，命运相连。

2. 自然地理

独特的地理位置使浏阳形成了特有的小气候。浏阳整个地势东北高峻，向西南倾斜递降。最高峰七星岭海拔 1607.9 米，最低处为柏加镇杉湾里的一级阶地，海拔 37.5 米，高差 1570.4 米。主要山林脉络清楚，皆呈北东至南西走向的雁行背斜山地。岭谷平行相向，形成官渡、大瑶、北盛等三个较大盆地和一个浏阳河谷地，市内水系发达，地表切割强烈。河曲发育，堆积盛行，出现河漫滩和多级阶地，沿水系形成现代狭长的河谷、溪谷冲积平原。山地丘陵隆起，长期处于剥蚀状态，山势陡峭，坡度较大。在外营力作用下，现代地貌继续沿着削高填低的趋势发展。市内地质构造与岩性比较复杂，在内外营力长期交互作用影响下，形成多样地貌类型。各类地貌组合分布，基本上由东北向西南依次为山、丘、岗、平呈阶梯状，并大致沿着浏阳河谷地北、东、南三面呈断续性环带状分层排列递降；同时沿捞刀河、浏阳河、南川河谷地两侧逐级抬升，具有高低分层、逐步过渡的分步规律。

自然资源方面，远古的地质构造运动给了处于长浏盆地东端的浏阳以天赐和厚爱，留下了丰富的矿产资源和珍稀物种。浏阳市内已知有各类矿藏、矿点和矿化点共190多处，其中大型矿床6处、中型矿床12处、小型矿床12处。已知矿种有金、银、铜、铁、铅、锌、钨、锡、钼、汞、锑、钴、锰、锂等 45 种。很多矿产在历史上很有地位，浏阳菊花石号称“全球一”，海泡石储量居全国第一。域内土壤种类多样，共有 9 个土类，18 个亚类，63 个土属，181 个土种。耕型土壤以水稻土和红壤为主，水稻土面积为6.04万公顷，占全市总面积的 14.15%，占耕地面积的 86.87%；红壤面积为 9093.33 公顷，占旱土面积的 93.73%，占耕地面积的 12.97%。浏阳野生动植物资源十分丰富，根据 1999 年野生动植物资源普查资料，域内列入保护的野生动物有 49 种，其中国家一级保护动物有云豹、白獾、黄腹角雉、白颈长尾雉、山鹧鸪、黑麂 6 种，国家二级保护动物有穿山甲等 14 种，省级保护动物有果子狸等 29 种；植物 47 种，其中一级保护植物有伯乐树、银杏、南方红豆杉 3 种，二级保护植物有香果树等22种，三级保护植物有穗花杉等22种。主要林业资源有松、杉、楠竹、茶叶、油茶等。

水文气候方面，浏阳属中亚热带季风湿润气候，温和湿润，季节变化分明。东北部以中低山为主，夏凉冬冻，光热偏少，降水偏多；中、南部地区，冬少严寒，夏少酷热，光热充足，雨水适中；西北部捞刀河流域属湘中丘陵盆地气候类型。气候受地势影响，由湘赣边界山区气候向湘中丘陵盆地气候过渡，且因河谷平原向两侧逐级抬升，从而导致全市水热状况呈现出复杂的垂直差异。大围山、连云山两山自东北至西南横亘，特别是连云山脉斜劈全市，使北方冷气受阻，因此全市形成亚热带夏长炎热盆地谷地气候区、亚热带夏凉多雨山区台地气候区、夏凉冬冻高山气候区三大块较明显气候区。市内历年平均降水量为1400毫米—1800毫米，多雨中心在宝盖一带山区及大围山、连云山地区，年雨量为1700毫米—1800毫米，原宝盖乡寒婆坳高山记录曾达2200毫米。少雨地带在西部盆地和大瑶以南的平原地带，年均雨量在1500毫米以下。

第二节

开辟鸿蒙

——浏阳远古时期的人类活动遗迹

根据考古学的划分，人类远古时期划分为旧石器时代和新石器时代两个文化时期。古代浏阳大约在距今20万年前的旧石器时代已经出现了最早的原始人类。在新石器时代，浏阳已经形成原始的氏族和部落。漫长的岁月里，浏阳先民筚路蓝缕，刀耕火种，开始了古老的人类初民生活。浏阳境内众多的石器时代遗址，有力地佐证了浏阳悠久的历史，反映了远古时期浏阳大地的生产力发展水平，说明了浏阳大地上很早就有先民活动并闪烁着早期文明的灿烂星光。

1. 永安芦塘——长沙地区最早的人类活动遗迹

1991年8月，长沙市文物考古工作队配合浏阳永安中学新建校舍工程进行文物考古调查，在永安镇芦塘村北部一座小山包上发现一处古文化遗址，在遗址西面山坡上，发现几件嵌在第四纪红土中的旧石器。这是长沙地区首次发现的旧石器出土点。同年10月，考古队对该地点进行了小规模的试掘，试掘面积为52平方米。永安出土的旧石器一件为砾石尖状器，一件为砍砸器，另一件为砍斫器，石质为石英细砂岩，其出土地层为第四纪网纹红土。专家推定其文化时代为旧石器时代早期，初步认定其相对年代为距今约20万—15万年前，甚至可能更早一些。

现任长沙简牍博物馆馆长、当年在长沙考古队工作的李鄂权参与了这次考古发掘，他认为这次考古发现对长沙地区乃至湖南的意义极其重大。自1987年首次发现旧石器以来，湖南全省发现的旧石器出土点达到70余处，湘资沅澧四大水系均有分布，但主要集中在沅水和澧水流域，湘江流域仅有零星的发现，而地处湘东的长沙地区一直没有发现旧石器。永安旧石器及邻近旧石器出土点的发现填补了长沙地区旧石器考古文化的空白，这些极具南方旧石器文化特征的石器的陆续出土大大丰富了我国南方旧石器文化的研究材料，也佐证了长沙地区最早的人类活动遗迹就出现在浏阳捞刀河流域。

在此之前，浏阳也有旧石器时代人类遗迹发现。1965年修建醴浏铁路时，

永安出土旧石器时代尖状器

永安出土旧石器时代砍砸器

永安出土旧石器时代砍砸器

在古港鸡冠山上的一个洞穴中，发现有二十多种水陆动物残骸化石和五颗人齿化石。经中科院古脊椎动物与古人类研究所的两位专家鉴定，这些化石至少产生于几万年前，虽然这些化石产生的时间比永安芦塘出土旧石器产生的时间要迟一些，但是这也是浏阳地区远古人类栖息的有力证据。

2. 樟树潭新石器文化遗址——长沙地区龙山文化的典型代表

大约距今一万年前，人类社会进入新石器时代。包括浏阳在内的长沙地区先后发现了大量的新石器时代遗址，比较典型的有新石器时代早期的长沙县南托大塘遗址属于屈家岭文化的长沙县广福乡腰塘遗址和龙山文化阶段的浏阳樟树潭遗址等。

1964年7月，以修复四羊方尊闻名全国的湖南省博物馆考古专家张欣如，被湖南省博物馆派往浏阳调查青铜器。他在浏阳城西距当年浏阳县城关镇仅0.5公里处，即浏阳河转弯靠山的河旁高地樟树潭，发现一处巨大的新石器时代文化遗址——樟树潭文化遗址，找到了浏阳新石器时代遗址的龙山文化特征。

樟树潭文化遗址东西长300米，南北宽200米，总面积达6万平方米，文化层厚达1.5米，在文化层的断面中和地面上，分布着大量的红烧土和陶片，所出土新石器时期各类石器和商周时期各类陶器数量巨大。遗存文物显示，该遗址最早是从新石器时代龙山文化时期开始，历经至少1500年，延续到西周晚期。又据该处遗址出土的大量石器粗坯和残断磨光石器，基本可断定，这里是一处从新石器时期延续到商周晚期的中国早期工场遗址，堪称一处年代极其久远的“老字号工业遗址”。

樟树潭遗址出土的大批石器，比以前打造得更加锋利，提高了伐木、拓荒的效率，为播种稻、麦，扩大渔猎，创造了有利条件。似乎当时稻、麦等植物已成人们生活的主要食物，这就解决了人们单靠渔猎和采野果难以填饱肚子的问题。遗址出土的泥质陶鬶、砂胎釜、陶罐都是用火烧制而成，又是用于加工熟食的炊事器具。这些陶器制作粗糙，其中有一只碗，底比口仅小一点点，上面的指纹还可辨。遗址内尚存火炉，炉内有一堆残灰，炉周有小泥墩五个，应该是最古老的坐凳之一。樟树潭古住房遗址，坐北朝南，前有浏阳河，背靠巨湖山，既可避寒流袭击，又可纳降暑河风；有水可捕鱼，有土可种植，确系人类栖息繁衍的好地方。该房址宽3米，长4米，深1米。穴的四角有桩洞。据考古专家分析，古人是以四根大木头支撑为柱，以小木头为桁椽，覆盖茅草为屋顶，造成半穴式房子。当时人们的穿着是由妇女以兽皮、葛麻缝制而成。遗址发现的泥质纺纱轮，就是妇女纺麻线的工具。兽皮衣、麻织衣的发明，代替了过去以树皮护身的原始衣着。可以看出，当时的人们已经朝物质文明大大地前进了一步。

根据专家对浏阳樟树潭遗址出土文物的研究，这里的出土器物细砂灰陶鬶是属于新石器时代大汶口文化和龙山文化的代表器物之一。生活在这一时期的浏阳先民，开始有了可以遮风避雨的半穴式住房、蒸煮食物的陶制器皿等等，这也说明居住在樟树潭的古人类已经进入了石器时代晚期亦即父系氏族社会时期，告别了穴居野处、茹毛饮血的生活状态，出现了早期文明的点点星光。

樟树潭新石器文化遗址全景

此后，考古工作者又在浏阳市大围山镇和小河乡分别发现了锣背山遗址以及苦竹山遗址。其中锣背山遗址位于浏阳市大围山镇北麓园村新塔组。遗址分布在浏阳河上游大溪河阶地的山坡上，分布面积约1万平方米。1986年调查时曾进行试掘，发现文化层厚约40厘米，采集有红烧土、黑色炭灰，出土石器有磨制石斧、石箭镞、石锛、穿孔石刀、石网坠等，陶片有夹砂红陶、泥质灰陶、黑皮陶等，陶器饰有附加堆纹、云雷纹、人字纹、方格纹、弦纹等，器形有鼎、鬲、罐、坛等。根据遗址出土器物分析，浏阳河流域在这个时期分布着以耕种农业、渔猎采集经济为主的南方土著氏族部落，年代为距今三四千年前。锣背山遗址对于研究商周时期长沙地区的文化类型及其发展状况具有较高的参考价值。苦竹山遗址位于小河乡田心村同心组。遗址分布于浏阳河上游小溪河南岸的台地上，分布面积约25000平方米。在遗址内村民取土区采集有打制石器、磨制石锛、细石刀和黑皮陶、灰陶、红陶残片、铜矛、铜镜、铜釜、铁三角架等。在取土区内发现一处灰坑和东汉时期的两处墓坑，灰坑文化层厚约1米，可分为五层，在灰坑内出土有细石刀、陶片等。在苦竹山遗址周边1000米范围内还发现有翁家岭遗址和其他石器出土点等。苦竹山遗址地处浏阳河水系的源头，为湘东边陲，对于研究新石器时代、商周时期长沙地区的文化类型及其与周边地区的文化异同性提供了重要考古资料，具有较高的历史价值。

这些考古遗址和出土器物，展示了湘浏河谷的浏阳先民在漫长的远古岁月里进行了艰难的早期文明跋涉，并顺利进入了原始社会的后期。

3. 湘浏盆地的英雄传说

明嘉靖四十年（1561）刻本《浏阳县志》载："浏阳《禹贡》荆州之域，古三苗之境。周隶于楚，秦王翦伐楚，以其地置楚郡，而长沙立焉。"根据历史记载和远古传说，大约在新石器时代中期，在黄河中下游和华北大平原生活着炎帝、黄帝和蚩尤九黎三大氏族部落。三大氏族部落之间，为了争夺生存空间，在黄河流域展开部落战争，在这场部落战争中战败的部落有一部分被迫南迁至湖南，这批南迁的部落与本土土著一道共同开发着这片处女地，谱写着包括浏阳在内的湘浏盆地辉煌的上古篇章。

首先南迁的是炎帝部落分支。相传炎帝与黄帝本是同一族团，《国语·晋语四》说："昔少典娶于有蟜氏，生黄帝、炎帝。黄帝以姬水成，炎帝以姜水成。成而异德，故黄帝为姬，炎帝为姜，二帝用师以相济也。”记载透露，黄帝与炎帝是少典与有蟜两个互通婚姻的部落中分化出来的两个分支，他们一支活动于姜水，一支活动于姬水，两支部落之间为了争夺生存空间，不断有战争发生，最大的一次战争发生在“阪泉之野”。经过激烈的火并，黄帝战败了炎帝，炎帝部落的大部分族众融合到黄帝族众之中，成为炎黄部落，他们构成华夏族的祖先。另外一小部分不甘屈服的势力则举而南迁，他们越过长江、洞庭湖进入湖南地区，成为湘浏盆地上的早期先民之一。罗泌《路史》卷十二称炎帝“都于陈，盖宇于沙，是为长沙。崩，葬长沙茶乡之尾，是曰茶陵”。

相传炎帝部落战败后，南迁到长江以南，炎帝后裔在长沙建立了自己的国家——厉山国。《荆州记》也说：“神农生于随县厉山，就都于长沙，死葬茶乡。”《南岳志·前献一》引王万澍曰：“炎帝都长沙，凡七世。”炎帝为火德王，故称炎帝。相传炎帝始作耒耜，教天下耕种五谷而食之，后世称之为神农氏。炎帝又遍尝百草，发明医药。他还“耕而作陶”，治麻为布，制作衣裳，日中为市，互通有无，削桐为琴，结丝为弦，作五弦之琴，弦木为弧，削木为矢，弧矢之利，以威天下。炎帝是中华农耕文化的开创者，缔造了中华古国最早的文明。

在传说中，大致与炎、黄二帝同时，中国远古还有一位赫赫有名的历史人物蚩尤。蚩尤是九黎部族的首领。他们曾在中原一带活动，并与融合后的炎黄部落展开过长期的中原争夺战。《逸周书·尝麦解》中有一段文字记载了炎黄族团与蚩尤九黎族的大战。《史记·五帝本纪》对此事有简略记述:“蚩尤作乱，不用帝命，于是黄帝乃征师诸侯，与蚩尤战于涿鹿之野，遂禽杀蚩尤。”蚩尤九黎族战败后，一部分与炎黄部落同化，融入华夏族之中，另一部分向南方迁移，其中一支族众进入湘浏盆地，是长沙先民的一部分。

此外，该时期迁入湖南的还有祝融部落分支。祝融部落原来也是生活于黄河中下游华北平原上的一支，他们与炎帝部落长期保持着婚姻关系，政治上也有着十分密切的联系。《山海经·海内经》称：“炎帝之妻，赤水之子听訞，生炎居，炎居生节并，节并生戏器，戏器生祝融，祝融降处于江水。”所谓“江水”，即长江。该支部落生产力较为发达，尤其擅长用火。根据这些传说可知，大约在新石器时代的中晚期，从中原南下的炎帝部落、蚩尤九黎部落、祝融部落先后进入湘浏盆地，并与当地原有的土著融合成为新的蛮夷部落。

距今5000年前左右，蚩尤九黎部落被黄帝部落打败后，部分与炎黄部族融合为华夏族，另一部分从中原南下，进入江汉平原，然后沿汉水进入长江沿岸，后经长江入洞庭湖，进入湖南境内，与湖南境内土著居民融合而成为三苗部落，史称三苗国。《战国策·魏策》说："昔者三苗之居，左彭蠡之波，右洞庭之水，汶山在其南，衡山在其北。""潭州，古三苗之地。"明代周昕《名义考》则说："三苗，建国在长沙，而所治则江南荆、扬也。"史书所载三苗曾建国于长沙，目前尚没有实物佐证，但至少表明位于湘浏盆地的长沙曾是三苗国活动的一个中心地带。

此后三苗部族集群先后与中原部落的尧舜禹展开战争，约距今4000年前，禹伐三苗并取得决定性胜利之后，三苗部落解体，与江汉平原和洞庭湖一带的扬越等部落融合，至商周时期形成一支新的部族，先秦史籍称之为"荆蛮"，也称为"扬越之地"。荆蛮部族兴起后，湖南境内被该部族控制。荆蛮、南蛮与九黎、三苗一脉相承，成为湘浏盆地最早的先民。

第三节

青铜闪烁

——先秦时期浏阳境内的文明星光

广义的先秦时期，是指秦朝建立之前所有的历史朝代；狭义的先秦时期，则指中国从进入文明时代直到秦王朝建立这段时间，主要指夏、商、西周和春秋、战国这几个时期的历史。有学者称，先秦是中华文明的头颅，在这1800年的历史中，殷商的甲骨文、商周的青铜器、孔子和其他诸子百家的学术思想和文化智慧、南楚大地制造的精美的玻璃和漆器以及屈原等伟大诗人的文学名篇，无不闪耀着中华文明的璀璨辉煌。人杰地灵的浏阳也跟随着中华文明的步伐，在这漫漫的历史长河中迸发着点点星光。

1. 与中原同步进入青铜文明

与经济社会发展相适应，这一漫长时期的长沙先民披荆斩棘、辛勤耕耘，开创了中国农耕与道德文化的先河。以巫鬼、礼乐为特征的文化在长沙地区得到了较好的发展，并与中原王朝进行了不屈的抗争，这些广泛的活动加速了湘浏河谷一带长沙地区的文化、经济与外界的交融和发展。在政治治理与经济文化逐步发展的同时，以制陶业和青铜制造业为代表的手工业不断发展，以宁乡炭河里为代表、包括浏阳在内的长沙地区成为湘江流域重要的青铜器产地，出土了一些质量上乘、做工精美的青铜器，表现出了较高的手工业制造水平。与此同时，浏阳境内也先后出土了一批商周至战国的青铜器和陶器等其他文物，这些青铜器的出土，表明地处湘东边陲的浏阳几乎与中原同步进入了青铜文明时代。

这一时期浏阳境内存在的比较有代表性的文化遗址是沙冲遗址。沙冲遗址位于浏阳市淳口镇黄荆坪村。遗址分布于捞刀河与炉烟河交汇的阶地上，分布面积约为6000平方米，文化层厚约2米。在遗址区采集有夹砂红陶、泥质红陶、泥质灰陶及硬陶等，陶器纹饰有云雷纹、弦纹、重圈纹、横人字纹等，器形有鬲、豆、罐、坛等，青铜器有青铜镜、青铜镈等。

黄荆青铜镈于1982年由当地村民发现，青铜镈通高32.6厘米，重4公斤，饰兽面纹、云雷纹，两侧扉棱上部各有1只高冠凤鸟。青铜镈是一种南方古越人的乐器，商代晚期出现，盛行于西周。据考古资料显示，商代中原文化及青铜铸造技术开始进入南方，至商代中期，南方开始铸造青铜器，其青铜器具有浓厚的地域特点。根据遗址出土的器物，可推断沙冲遗址为西周以前的南方土著氏族部落遗址。沙冲遗址对于研究商周时期长沙地区的文化类型与发展状况提供了难得的实物资料，具有较高的历史价值。

另外在浏阳境内还先后发现龙山晚期至商周各类文化遗址 20 多处。出土的主要青铜器皿有蛙纹大铙、青铜羊头饰、兽面纹提梁卣、云雷纹甬钟、蕉叶纹青铜壶等。目前学者们认为，湘江流域出土的大量商周青铜器，一

[illegible]出土西周凤鸟纹青铜镈

部分是商末周初殷遗民及江汉地区地方势力等受周人所压迫南下带来的，一部分是来本地后所铸造的，湘江流域自己的青铜铸造业和青铜文明形成于西周早中期之际，以早期越式鼎的形成为标志，经历了一个从最初模仿中原青铜器到最后形成本地风格的过程。商周王朝中原文化的不断传入，促进了长沙地区的开发。当时长沙地区古越人居住的仍是茅草覆盖的半地穴式房屋，过着氏族制公社的生活，以石器作为主要的工具，进行刀耕火种式的生产。商代中期，中原的青铜铸造技术传入长沙地区，长沙越人开始使用和制造青铜工具铜斧，到西周后期又有了铜制的镘和锸。镘，即大锄，是一种重要的松土工具。锸，即耜，用于松土和起土。青铜斧、镘和锸，在宁乡、浏阳和邻近长沙的湘潭、茶陵、岳阳都曾有出土。由此可以看出，长江流域和广大的南方地区的青铜文明是中原青铜文化南迁并与当地铸造技术融合的结果。在这个过程中，浏阳处于一个重要的中转位置，浏阳未发现青铜器制造遗址，却有大量的青铜器出土，表明浏阳很可能是青铜文明从黄河流域向长江流域和南方迁徙的重要流转地。

文字、城市、青铜器，被恩格斯称为文明诞生的三大标志。在浏阳境内发现的众多商周文化遗址中，出土了较多青铜重器，彰显了浏阳青铜文明的高度，具有划时代的重要意义。

2. 楚辞里的湛湛江水，南楚浏阳大地的历史波澜

西周初年，熊绎在枝江流域建立楚国，至春秋时期楚国征服长江北岸诸姬，发展成为春秋五霸之一。大约春秋中期，楚国势力向长江以南渗透，沿着洞庭湖进入湖南境内，在春秋晚期最迟至战国早期已经控制湖南全境，长沙被纳入楚国版图，至战国时期，楚国成为“战国七雄”，是当时政治舞台上的大国。长沙在战国中期既是楚国对付秦国入侵的后方，又是楚国对越人发动战争并管理控制越人区域和进一步南下夺取战略资源的前线，战略地位十分重要。楚威王时代，长沙发展成为“楚南重镇”，成为从洞庭湖到南岭广阔地域的政治军事中心。

楚国控制湖南后，突出加强了重镇长沙地区的建设，首先表现为在长沙设置行政区。大约在楚威王时期，楚国在长沙设立了洞庭郡，郡治长沙。《战国策·楚策一》记策士苏秦说楚威王语：“楚，天下之强国也……楚地西有黔中、巫郡，东有夏州、海阳，南有洞庭、苍梧，北有汾陉之塞、

浏阳城区出土商代青铜羊头饰

官渡出土战国蟠螭纹青铜壶

郇阳。”

楚人来到湘江流域后，给这里带来了先进的政治经济制度、耕作方法和文化知识，特别是铸铜、冶铁等先进技术的采用，直接推动了包括长沙在内湘水流域及湘浏河谷的农业和手工业的发展，逐步改变了这里的社会结构和自然面貌。

春秋战国时代思想文化领域出现“百家争鸣”的局面，古代文化达到空前繁荣。楚地思想家老子、庄子开创道家学派，其思想在战国时代的长沙地区一度十分流行。而战国末年爱国诗人屈原贬谪长沙，其浪漫主义风格诗歌对长沙地区影响尤深，以至长沙被称为“屈贾之乡”。在此期间，长沙在书法、绘画、音乐、舞蹈、宗教、自然科学等方面都取得长足发展。

值得浏阳人记取的是作为长沙所属的浏阳与楚政治经济和文化的重要关联性。浏阳曾经出土三座楚墓葬。1966年，考古工作者在大瑶西洋山清理出两座战国楚墓，出土随葬品八件；1978年，在浏阳原北星乡纸背村发掘战国墓一座，出土一套九件环钮编钟。尤其是长沙和浏阳文物部门于2018年在浏阳古港镇古城村发现了目前湘东地区最早、最完整的古城遗址。2019年，对该遗址进行了调查、勘探和试掘，发现该城址形状为南北向不规则长方形，现存地表城墙近“刀”型，南北长428米，东西宽分别为243米和152米，面积约98500平方米，四至较为清晰。其中北、西、南墙保存相对较好，城墙宽2235米，高812米，最高处高于地表约8米，普遍高于地表3—5米。通过考证发现，该遗址出土文物年代基本集中为战国晚期至西汉时期，大部分为战国时期器物，可以初步认定这是一座战国古城遗址，而且这一战国城已经达到县级规模。主持调查勘探的长沙市文物专家张大可认为，新发现的浏阳古城遗址可以初步确定为楚人南下进入湖南后建立在湖南最东面的战国城，延续时间较长，下限可能至西汉早期，应该是楚人南下进入湖南后为了方便管理越人区域和控制资源而设置的城池，是迄今为止发现的湖南最东部的早期城址，也是目前浏阳乃至长沙地区保存最好的早期城址，甚至在全国同时代的城址中，这种保存状况的城址都较为少见。这一重大发现对研究浏阳乃至长沙地区的文明发展进程具有重要意义。这些有较重分量的出土遗存体现了浏阳地区与楚国政治经济文化的重大关联性，表明浏阳地区在楚人进入湖南后的战国时期就已经拥有重要地位，甚至可能已经拥有县级行政区域，只是由于典籍的佚失让浏阳的历史蒙尘。但是这些遗址及其出土文物都表明，楚人创造的艳丽的丝绸、神秘的青铜器、精美的玻璃和漆器，还有浪漫的《楚辞》，都在南楚湘浏大地上留下过浓重的笔墨。

楚地文学艺术的代表作就是《楚辞》。《楚辞》是最早的浪漫主义诗歌总集及浪漫主义文学源头。作为楚辞的主要作者，屈原曾长期流放湖南，浪迹湘、沅、澧水之间，与长沙更是关联紧密。

有学者说，《招魂》里最迷人的四句诗是：“皋兰被径兮，斯路渐。湛湛江水兮，上有枫。目极千里兮，伤春心。魂兮归来，哀江南。”它所描绘的场景，与古时称为“浏水”或“浏江”的浏阳河城区第一道弯，即清渭水流入浏阳河的樟树潭，似乎最为吻合；而且现有考古发现表明浏阳在战国时期已经建有规模宏大的城池，屈原流放湖湘或许是浪迹湘水之时来到浏阳，看到此情此景才有感而发写出了那么唯美的诗篇。这虽然只是一家之言，但也寄托了一部分浏阳百姓对屈原和《楚辞》的热爱、对长浏盆地先民的缅怀。

古港战国古城遗址出土文物

第四节

千古明月

——秦汉时期浏阳大地的岁月钩沉

公元前221年，秦始皇统一中国，结束了战国长期分裂割据的局面，建立了一个以咸阳为首都的幅员辽阔的国家，为了统治这个国家，秦王朝创设了一套全新的中央高度集权的政治制度，确立了皇帝的绝对权威。在地方，秦王朝废除分封制，推行郡县制，加强中央对地方的控制。汉承秦制，政治上仍实行中央集权的政治制度，地方实行郡、国并行制，汉武帝以后，封国的权力不断被削弱，中央对地方的控制不断加强，至于东汉封君之国，仅同郡县。在中央政权不断强化的秦代，位于湘浏盆地的长沙成为秦王朝洞庭郡的首府；在汉代，先是成为吴氏长沙国的封地，后演化为刘氏长沙国，至王莽代汉，长沙国废，刘秀称帝之后才重新分封长沙国，但不久即废为郡。总之，秦汉的大一统把中国封建社会推到了一个崭新的时代，在这一过程中，浏阳所在的长沙地区从一个地方封国，首次纳入到统一国家的治下，浏阳也跟随着由此开辟出了历史新篇章。

1. 秦汉时期浏阳所在的长沙版图

秦朝建立之后，秦始皇采纳丞相李斯的建议，废诸侯，立郡、县，分天下为三十六郡，长沙郡位列其中，从此长沙被纳入中央集权政治体制视野。秦代的长沙郡（洞庭郡），郡治在临湘（今长沙）。临湘，宋本《太平寰宇记》卷一百一十四“长沙县”载：“古青阳之地，秦始皇时，荆王所献。秦末为湘县，汉为临湘县。”《读史方舆纪要》卷八十亦载：“秦置临湘县。”《水经注·湘水》：湘水“又右径临湘县故城西县治，湘水滨临川侧，故即名焉。王莽改号抚陆，故楚南境之地也。秦灭楚，立长沙郡，即青阳之地也。”据上述史料可知，临湘即今长沙市境范围，青阳即长沙县。秦代长沙郡（洞庭郡）的辖地可以大致推定为湘江中下游地区与湘东北地区。据明崇祯年间编《长沙府志》记载，秦代长沙郡（洞庭郡）下设临湘、罗、益阳、阴山、零陵、衡山、耒、桂阳等县。这是古代以长沙为郡治的长沙郡所管控的最早一批县级行政区域，其范围包括了今岳阳、长沙、湘潭、株洲、益阳、衡阳、郴州、娄底、零陵，以及鄂南、赣西北和广东的连县、广西的全州等地，面积接近于今湖南全省。其中临湘县故城在今长沙市区之内，为郡治所，是郡的最高军政长官驻节处，也就是辖境广阔的长沙郡。

秦朝是我国历史上一个意义重大、影响深远的封建王朝，但由于秦统治者滥用民力、残暴无度，因此仅仅存在15年的时间，就在农民大起义的烈火中灰飞烟灭。汉高祖元年（前206），秦朝灭亡后，项羽主持分封，被秦所灭的诸侯国纷纷复辟建国，楚怀王孙熊心被封于长沙，建立长沙国，都于郴县。同年，项羽派人袭杀熊心，长沙国亡。此后，项羽和刘邦进行了历时五年的楚汉战争。在楚汉战争中，跟随楚军入关中的吴芮支持刘邦，楚汉战争结束后，汉高祖五年，刘邦分封吴芮为王，建立长沙国，都于临湘城（今长沙市内）。汉初长沙国的辖县，据《汉书·地理志》等史籍记载和《西汉初期长沙国南部地形图》，已设有21县，包括今属湖南的临湘、罗、益阳、连道、承阳、攸、鄗、昭陵、容陵、茶陵、湘南、郴、营浦、南平、舂陵等15县，以及今分别属于江西、广东、广西的安成（新莽时改称思成）、桂阳、观阳、洮阳4县和处于湘粤边界的泠道县，还有处于湘鄂边界的下隽县。

汉文帝后元七年（前157），吴氏长沙国除。次年，汉景帝继位，重建刘氏长沙国，此时原长沙国南部已分离出了桂阳郡，因而刘氏长沙国的辖地仅有临湘等13县。据光绪《湖南通志·地理志》载：这13县中的临湘县即包括“今长沙、浏阳、善化、醴陵县地”。

西汉末，王莽称帝，长沙国废，长沙改称填蛮郡，辖刘氏长沙国所管辖13县，部分县名做了更改，如临湘改称抚睦、茶陵改称声乡、安城改称思成、下隽改称闰隽等。王莽败亡后，刘秀建立东汉，一度恢复长沙国。建武十三年（37），废长沙国，复置长沙郡，仍辖13县。有户255854，人口1509372人。虽然现有文字记载表明此时浏阳尚未单独设县，属于临湘县境，但是随着人口的增长与社会的发展，千年古县浏阳悠久历史的大幕正在徐徐拉开。

2. 秦汉时期长沙地区的经济和社会

秦汉时代国家由分裂走向统一，确立了中央集权的政治体制，新兴的封建生产关系得到巩固与发展，对外战争不断取得胜利，国家综合实力空前增强，与此相适应，社会经济获得了长足的发展。这一时期从总体上看，国家的经济文化重心仍然在黄河流域，但是随着东汉后期北方的动乱，经济文化重心正开始孕育着向南方的迁移，因此，南方各地经济均得到了相应的发展。长沙在这一时期已经被纳入中央政权控制之下，秦置长沙郡（洞庭郡），西汉为长沙国，东汉又为长沙郡。不过，相对中原发达地区而言，长沙仍被视为蛮荒之地，义帝被徙于长沙郡郴县、贾谊在汉初被贬为长沙王太傅、刘发被封为长沙王等事实均表明，长沙在秦汉时期经济文化的相对落后。这种落后状况至东汉三国时期依然没有根本的改变，如建武十八年（42），吴汉讨平蜀郡守将史歆反叛后，“诛其渠帅二百余人，徙其党与数百家于南郡、长沙而还”[1]。再如太元二年（252），孙权改立太子和“为南阳王，居长沙”[2]。而《三国志·吴书·孙和传》则称：“封和为南阳王，遣之长沙。”可见，长沙在秦汉至三国时期仍然是贬谪之地。但是也应该看到，这些记录并不意味着长沙在此阶段没有发展，相反，长沙在秦汉时期随着国家的统一，特别是长沙国的建立，其经济文化得到了较好的发展。

①范晔：《后汉书·吴汉传》。

②陈寿：《三国志·吴书》。

封建时代，人口增殖是衡量经济社会发展的一项重要指标。秦汉时期浏阳所在的长沙之人口数量有较大规模的增长。据《汉书·贾谊传》载，西汉文帝时期（前180—前157）“长沙乃在二万五千户耳”。而据《汉书·地理志》记载，西汉平帝时（前1—5）长沙国有十三县，“户四万三千四百七十，口二十三万五千八百二十五”。说明经过西汉初至西汉末大约160多年，长沙地区的户数已有大幅增长。再据《后汉书·郡国四》记载，东汉顺帝时（126—144）长沙郡领十三城，“户二十五万五千八百五十四，口百五万九千二百七十二”。这说明经过西汉末至东汉中期不到150年的时间，长沙地区的户数又几乎增加了5倍，人口数增加了4倍多。据《太平御览》卷二百六十《职官部·良太守上》引《东观汉纪》云：“宗庆字叔平，为长沙太守，民养子者三千余人，男女皆以‘宗’为名。”（按“宗庆”一作“宋度”。）《北堂书钞》卷七十四《设官部·太守中》引谢承《后汉书》云：“宋度迁长沙太守。人多以乏衣食，产乳不举。度切让三老，禁民杀子，比年之间，养子者三千余人，男女皆以‘宋’为名也。”看来长沙地区的户口增长，除了社会生产力的迅速发展以外，还与地方官员禁民杀子、鼓励生育有关。此外，东汉晚期北方动乱造成的移民南迁，可能也是长沙人口增多的一个原因。

随着社会的稳定、人口的增长，长沙地区的农业、手工业以及商业等

浏阳文管所征集的汉代弦纹铜碗

浏阳出土的西汉双系陶钫

都得到了较快发展。马王堆汉墓出土文物中有丝绢、陶器、漆器和稻、粟、豆、瓜果等农产品及人工养殖的各种家禽，其中马王堆一号汉墓还出土了豆豉、酱姜等具有浏阳地区特色的调味品，有专家认为它们或许就是浏阳豆豉等农产品的前身。农业、手工业和商业的发展，又反向促进了长沙地区经济社会的发展和人口的快速增长，这也成为了长沙地区浏阳、醴陵等地单独置县的政治经济和人口基础。

第二章

古邑伊始

——魏晋南北朝时期的浏阳

东汉末年，群雄逐鹿。位于湘浏河谷的长沙作为荆州湖南四郡中经济最发达、政治军事地位最重要的重镇，历来是兵家必争之地。在这期间，浏阳所在的长沙地区先后归属孙坚、刘表、刘备和孙权统治。建安十三年（208）冬，赤壁之战结束后，三分天下的格局形成。次年初，孙权拜周瑜偏将军，任命为南郡太守，以下隽、汉昌、刘阳（即浏阳）、州陵为周瑜俸邑，屯据江陵（此后浏阳先后作为鲁肃、吕蒙俸邑，黄龙元年（229），潘濬官拜少府，进封刘阳侯，刘阳成为孙吴时期潘氏世袭食邑），自此，浏阳作为县名正式出现在历史记载中。建安十五年，孙权分南郡之州陵和长沙郡之刘阳、汉昌、下隽设立汉昌郡，直至建安末年省汉昌郡，刘阳、汉昌、下隽再次划归长沙郡。至东晋末、南朝（宋）初县名改为浏阳，并一直使用至今。这期间虽然封建朝代不断更迭，长沙大地风云变幻，但偏居湘东一隅的浏阳岁月静好，在时间的长河里慢慢发展。

第一节

名将封邑

——千年古县的隆重开场

因为偏居湘东，从现有史籍记载来看，浏阳在秦汉及之前长期是长沙郡湘县、长沙国临湘县、填蛮镇抚睦县、长沙郡临湘县等旧县辖区，政治上依属于长沙存在，经济文化也深深打上了长沙的烙印。直到东汉末年，吴蜀相争之下，浏阳以孙吴政权周瑜、鲁肃等将领俸邑的名义，作为一个单独的县级行政区域出现于史籍之中，才给这片土地赋予了新的历史记忆。

东汉末年，经过黄巾大起义的打击，东汉政权土崩瓦解，名存实亡，各地陷于军阀混战。东汉时期湖南共有四郡，分别为长沙、武陵、桂阳、零陵，都隶属于荆州。因为荆州辖地广阔，经济富庶，又据长江上游，拥洞庭天险，控制吴越，北窥中原，战略地位十分重要，因此在东汉后期成为孙权、刘备两大军事集团的争夺焦点，长沙在湖南四郡中经济最发达、政治军事地位最高，自然成为重要的战场。刘阳（浏阳）就是在这一时期，在孙权和刘备对长沙的争夺中出现于史册中的。

建安十三年（208）七月，统一了黄河流域的曹操南征荆州。八月，刘表病卒，少子刘琮继立，人心不附。九月，曹操攻克荆州，刘琮投降。曹操从此拥有荆州，并开始进一步南征。建安十三年十月，孙刘联军在赤壁大败南征的曹操，迫使曹操留兵守江陵、襄阳而自还许昌。建安十四年，孙权拜周瑜偏将军，领南郡太守，以下隽、汉昌、刘阳、州陵为俸邑，屯据江陵。刘备立营于油口，改油口名为公安（今湖北省公安县）。东汉建安十五年，刘备因吏士多而土地少，亲赴京口（今江苏省镇江市）见孙权，求兼督荆北诸郡，因周瑜疏谏，无功而返。不久，周瑜卒，孙权命程普代周瑜为南郡太守。鲁肃从孙、刘联合抗曹的大局出发劝告孙权以荆州暂借刘备，孙权采纳鲁肃建议，改程普为江夏太守，分南郡之州陵县和长沙郡之汉昌、浏阳、下隽三县置汉昌郡，以鲁肃为太守，屯陆口（今湖北省嘉鱼县陆溪镇），从此开始，浏阳脱离长沙地区成为孙权专为防御刘备所设立的汉昌郡的属县。

从建安十六年（211）开始，孙、刘政权围绕荆州不断上演争夺战，直至建安二十年，孙、刘两家达成妥协，瓜分荆州，长沙一郡也被剖分为二，以湘水为界半属孙吴，半属蜀汉。但这次瓜分荆州只是双方暂时妥协的结果，荆州对于蜀汉和孙吴政权而言都是十分重要的，一旦军事平衡被打破，两国争夺荆州的战争势必重新上演。建安二十二年，鲁肃病死，孙权拜吕蒙为汉昌太守，接收原鲁肃所属人马，并食下隽、刘阳、汉昌、州陵四县俸邑。吕蒙年轻气盛，他向孙权提出收回荆州的主张，得到孙权赞同。建安二十四年，吕蒙用计擒杀关羽，夺得荆州，于是，荆州全境重归孙权，长沙也结束了划湘江而治的局面。

荆州归吴后，长沙结束分治的历史，此后它一直是孙吴政权向北抵抗曹魏的重要军事重镇，在三国的舞台上扮演着相当重要的角色。处于孙刘集团对峙重地的汉昌郡则不复存在，州陵再次被划入南郡，刘阳、汉昌、

古港出土三国青瓷烛台

高坪出土三国青瓷平底碗

下隽重新进入长沙郡。由于长沙郡的特殊地位，吴国后来曾对其区划进行过几次调整，吴主孙亮太平二年（257），从长沙郡东部划出湘东郡，西部划出衡阳郡，至孙皓宝鼎元年（266），又分豫章、庐陵、长沙各一部分组建安成郡。而千年古县浏阳，于三国纷争的文字记载中出场，虽然未成为烽火连天的古战场，但却与千古名将周瑜，以及鲁肃、吕蒙结缘，并短暂归属于为对抗刘备势力而设立的汉昌郡，自此有了一个隆重而特殊的开场白。

第二节

置县略考

——吴简和二十四史里的浏阳密码

浏阳是千年古县，置县是浏阳历史上意义重大的事件，它让浏阳大地的历史翻开了新的一页，历史的记忆，文化的传承，都因为这一刻有了一个崭新隆重的开端。但由于历史久远，记忆蒙尘，浏阳置县具体情况在史上长期无确考，很久以来争议不断。那么具体情况到底如何呢？在此简单考证如下：

1. 置县时间：距今至少一千八百年

浏阳在秦汉时为临湘县境，准确置县时间一直无确考。浏阳之名最早见于《三国志》，但除了《三国志》所载，1996 年长沙五一广场附近的走马楼工地出土十多万枚三国吴简，也为考证浏阳置县情况提供了重要依据和破译密码。综合吴简和许多传世文献，目前可以确定浏阳置县时间最迟不晚于东汉建安十四年（209）。

明嘉靖《浏阳县志》称："浏阳，《禹贡》荆州之域，古三苗之境……三国吴孙权太平二年析临湘北境为一县，名曰浏阳。"嘉庆《长沙县志》和后来长沙县所修《长沙县通史》也都采用此说。但《三国志 · 吴书九 · 周瑜鲁肃吕蒙传》却明确记载：东汉建安十四年（209），孙权拜周瑜为偏将军，"领南郡太守，以下隽、汉昌、刘阳、州陵为俸邑，屯据江陵"，刘阳（即浏阳）之名最早见于此处，比吴太平二年（257）早 48 年。此后《三国志》卷五十四多次提到刘阳，并分别作为鲁肃、吕蒙俸邑和汉昌郡属县出现。《三国志 · 潘濬传》言，黄龙元年（229），"权称尊号，拜为少府，进封刘阳侯"。两汉三国时期，邑虽然多为皇家食邑，但也与侯国、道、县一样均为有朝廷命官的基层行政区域，这里的四俸邑显然均属于县级行政区域。所以后世志书如同治《浏阳县志》明确记载："浏阳，古荆州所属地也。秦立长沙郡。汉高帝五年，王吴芮长沙，都临湘。临湘者，辖今长沙、善化、醴陵及县地。东汉改置长沙郡，割临湘南鄙置醴陵，而浏阳地仍统之临湘，莽日抚睦。三国吴、蜀分荆州长沙郡属吴，于是周瑜奉邑有刘阳。盖吴始析置。"清光绪三十三年（1907）黄征所纂《浏阳乡土志》也断言置县“必始于是时（209）”。

根据考古新发现，现在可以看到古人考证浏阳置县时间存在一个短板，即只能从存世的典籍中寻找只言片语，因此往往前后矛盾，莫衷一是。1996年长沙走马楼出土的吴简无疑为考证浏阳置县提供了最好的历史佐证。作为三国吴以临湘县为主的档案文书，吴简中出现了大量关于“刘阳”“刘阳县”“刘阳侯”的记载。“刘阳”在吴简壹、贰、叁编中出现30多次。例如：

1—1786：七年税米与刘阳□区

1—6718：入刘阳县还价人李绶米卅四斛区

1—745：佐刘阳谢香年卅一单身见

3—2206：财模师刘阳棋龙年廿七

3—2227：右刘阳师佐十二人

3—2507：粮都尉嘉禾元年十二月卅日辛酉书给大常刘阳侯兵曹王攀所□团

根据考证，走马楼三国吴简的纪年起讫时间为东汉中平四年（187）至三国吴嘉禾六年（237）[①]。“刘阳”之名在长沙吴简中大量出现，而且还有“刘阳侯”“刘阳县”，这不但说明此“刘阳”作为邑县与《三国志·吴书》之“刘阳”完全吻合，乃湖南地名确定无疑，而且可以肯定是县级政区地名。即使简1—1786：“七年税米与刘阳□区”此处的“七年”到底是黄武七年（228）还是嘉禾七年（238）难以确定，但据3—2507“粮都尉嘉禾元年十二月卅日辛酉书付大常刘阳侯兵曹王攀所□区”可知，嘉禾元年（232）已有刘阳，那么刘阳县最初设置绝非在吴太平二年（257），而是更早，至迟在建安十四年（209），甚至在此之前。而目前掌握到的最新信息是，长沙和浏阳两级文物部门于2018年在浏阳古港镇古城村发现了目前湘东地区最早、最完整的古城遗址，于2019年对该遗址进行了系统调查、勘探和试掘，通过考证，初步认定这是一座战国古城遗址，而且这一战国城已经达到县级规模。初步确定为楚人南下进入湖南后建立在湖南最东面的战国城，延续时间下限可能至西汉早期，应该是楚人南下进入湖南后为了方便管理越人区域和控制资源而设置的城池，这一最新考古发现或许预示着浏阳存在着更早的置县史。虽然尚无文字记载，但这一出土遗存表明浏阳地区在楚人进入湖南后的战国时期就已经拥有重要地位，只是由于典籍的佚失让浏阳设县的准确历史记载长期蒙尘。随着这一地区考古工作的不断深入，

① 王素：《汉末吴初长沙郡纪年》，见《吴简研究》（第一辑），崇文书局，2004年版，第40页

浏阳终将揭开其悠久历史的神秘面纱。

2. 县名：比现在少了三点水

置县之初浏阳县名到底是哪个名字呢？《补三国疆域志补注》："浏阳，吴立，《元和郡县志》以县南浏阳水为名。《沈志》：浏阳，吴立。《舆地广记》：吴属长沙。《水经注》：浏水出浏阳县东首禅山，西北流径其县南，县凭溪以即名，又西北注于临湘县。《方舆纪要》：今长沙府浏阳县治。"之前各个时期《浏阳县志》等史籍对此存在争议。1994 年版《浏阳县志》记录了之前的各种争议：《晋书·地理志》载县名为"刘阳"。旧志据此断言，浏阳之浏原无三点水旁。世代相沿，似成定论。但浏阳河在《水经注》中载为浏水，置县时，因县城在其北岸，而古以水北为阳，遂以浏阳为县名。既如此，则不应有"刘阳"之称。查旧籍用同音字写地名的现象不为少见。《三国志》在叙周瑜俸邑时为"浏阳"，而叙吕蒙俸邑时却为"刘阳"，同一志书出现两种写法。即使《晋书·地理志》在有的人物传中也用了"浏阳"。清道光十七年（1837）版《历代地理韵编今释》在"刘阳"条下注云："浏阳之讹"。也就是说，《晋书·地理志》中的"刘阳"，实为误写。后人修志以讹传讹，遂有"刘阳"改"浏阳"之说。今录以释疑。

但目前来看置县之初浏阳县名已可以做定论，最初县名应为"刘阳"无疑：第一，查《三国志》卷五十四关于周瑜、鲁肃、吕蒙的传记中关于刘阳的"刘"字记载均是繁体的"劉"，而无带"氵"的"瀏"，即使有，也可能是后来版本的印刷错误。第二是所有的吴简内容中只有"刘阳"而无"浏阳"，吴简反映的应是置县之初的客观情况。另据《三国郡县表附考证》云："刘阳，据《吴志·周瑜传》，汉末已有此县。又吴谷朗碑刘旁无水。"以上均可明显看出"刘旁无水"，因此"刘阳"才是最初的县名，"浏阳"的出现时间要晚些。

那么，所有的吴简中均不见"浏阳"，今日的"浏阳"之名从何而来？湖南师范大学周宏伟先生所著《湖南政区沿革》说到"晋代，刘阳县改名为浏阳县，先属荆州，后属湘州"，但《晋书》所载长沙郡属县依旧为"劉陽"，而《南史》中有"浏阳公大雅，字仁风，简文第十二子也。大同九年，封浏阳公。少聪警，美姿仪，特为武帝所爱。台城陷，大雅犹命左右格战。贼至渐众，乃自垂而下，发愤感疾毙"的记载。《宋书》载："长沙内史，秦立，宋初十县，今领县七……浏阳侯相，吴立。”

又同治《浏阳县志》“职官”一栏有关于东晋“何承天”的介绍：“何承天，东海郯人也。叔父盼令益阳，随之官。义熙初（坊本《宋书》作‘义旗初’），长沙公陶延寿以为其辅国府参军，遣使通敬于刘裕，因除浏阳令（加三点水旁‘浏’字自此始）。寻去职还都，宋元嘉中，累官至御史中丞。二十四年，文帝欲以为吏部，已受密旨，承天漏之，坐免官。卒。（节《宋书》本传。按：承天除浏阳令尚在晋时，故系晋令，不别称宋。）”这个记载表明，何承天任浏阳令时尚在晋义熙初年，浏字加“氵”就是在这个时候。同治《浏阳县志》虽是一家之言，但综合推断加“氵”旁“浏阳”之名应是出现在东晋末年，最迟是南朝时期的宋初前后。

3. 治所：几度变迁

说到治所即浏阳县城的变迁，旧志也是各执其说。嘉靖《浏阳县志·沿革》中说：“县治旧在居陵镇，元时改迁今治。”而《廨署》中又说：“明洪武初改迁县治在城西隅。”但清康熙四年（1665）《浏阳县志》认为，北宋县令杨时在今治建有归鸿阁、飞鸥亭等事实，说明嘉靖《浏阳县志》“元时改迁今治”之说应该有误。清光绪《湖南通志·古城考》说:“浏阳故城在今浏阳县东……隋大业初，省入长沙县而故城废，唐景龙初复置，即今治；元初迁居仁镇，明初复唐旧治。”而同治《浏阳县志》则说：“唐景龙二年，复析置浏阳于故城。”以上各说，莫衷一是。但以《古城考》所说为近，即最初在“县东”，也就是民间传说的今址东街口以外旧城隍庙一带地方。从隋大业三年至唐景龙二年的整整百年间，因废县而故城不存；到复置浏阳县时，在故城西面重建县城，即今址。宋末，浏阳遭元兵大屠杀，县城被破坏，元代遂迁治所于居陵镇，终因偏于东隅，交通不便，时隔百年之后，于明初又迁回今址。

宋代杨时曾于绍圣元年（1094）至绍圣五年任浏阳知县，同治《浏阳县志》载：杨时“在任四年，有惠政。于县治作飞鸥亭，又作归鸿阁，自为石刻《记》”，而清代各志均记载归鸿阁和飞鸥亭所在位置为今才常广场一带。宋时县治的位置再次说明置县之初至有宋一代，浏阳县城不在官渡而在今天的县城。

但目前最新的考古发现，浏阳在战国晚期就已经拥有达到县级规模的城池，甚至有可能在战国楚时期已经拥有县级行政区域。这个城池位置就在今浏阳市古港镇古城村范围内，这一重大发现或许预示着浏阳最早的县城将拉开崭新的历史记忆。

4. 识别码：吴简里的浏阳记忆

1996 年 7 月至 12 月，考古工作者在长沙市走马楼西街进行考古发掘时，从 22 号古井中发现了数量惊人的三国孙吴纪年的简牍，经清洗整理后确定总数在 14 万枚左右，内容多为三国吴长沙郡临湘县及刘阳、醴陵等周边侯国的文书，这一重大发现令中国乃至世界考古学界为之震惊。从世界范围看，在一个地点一次性发现如此巨大数量的古代文献十分罕见。

这批吴简的内容涉及三国时期长沙郡以及吴国的政治、经济、军事、文化、地理、赋税租调、户籍、司法、职官、仓储等诸多方面，完整、准确、集中地反映了三国东吴的社会基本面貌，对研究我国古代尤其是三国魏晋时期的历史、政治制度、社会阶级关系、经济关系、租调制度、典章制度、简册制度等方面具有重要意义。

走马楼吴简的文献价值主要体现在：一是弥补了三国时期文献史料之不足；二是为研究孙吴的社会经济问题提供了丰富的资料；三是对三国时长沙州、郡所辖地域的历史沿革研究提供了一些新线索；四是对研究中国古代简牍制度，特别是纸张发明后，简牍行将消亡前夕的简牍制度，具有特殊意义。

对于浏阳来说，这些吴简的意义也很重大。这些书写年代大部分在东汉建安至吴嘉禾年间（196—238）的简牍，关于浏阳置县时间，竹简上书写的“刘阳”清晰可辨，这也是迄今为止发现的最早有关于浏阳的文物记载。幸好有这些简牍，让浏阳的历史脉络更加清晰：第一是用当年的档案佐证了浏阳置县历史；第二是一定程度上反映了当年浏阳经济社会发展状况。走马楼简牍关于“刘阳”“刘阳县”“刘阳侯”的记载出现达到 30 多次，其中多是牵涉人员迁徙、税米缴纳、职业状况等的内容。

长沙简牍博物馆中有一块著名的叫“右郎中窦通举谢达为私学文书”的简牍，曾引起诸多吴简研究者的极大兴趣，中国文化遗产研究院研究员王素著文认为，走马楼竹简中常见的、长沙郡所属各乡大致均有的“私学”可断定为非国家“正户”（编入籍的自耕农），是一种具有特殊身份的人

走马楼三国吴简《右郎中窦通举谢达为私学文书》

口；而“右郎中”虽然不是中央官，但官位不低，“窦通”为其官号；“举”有“没入”之意。但是，这位右郎中窦通，为何要将谢达“没入”为“私学”？实际上，王素从“陈晶举番倚为私学事”等简牍研究认为，“私学”是由当时的迁移户口产生。“谢达本为‘长沙刘阳’人。‘刘阳’，是当时长沙郡所属县名，即今长沙市东约70公里的浏阳市。谢达现居长沙‘临湘都乡土沂丘’，‘临湘’，亦长沙郡所属县名，即今长沙市。”王素总结说，谢达从浏阳迁到较远的长沙，被地方豪强“窦通官”“举”为“私学”，成为了“窦通官”的依附人口，这需要说明理由并履行一定的手续，而这几片竹简正是这些手续里面的一种。

又例如简1—7454：右□乡郡县吏兄弟合十五人前后各叛走□趣刘阳吴昌

这些资料是三国吴嘉禾元年（232）所记，距今已近1800年。为什么当时会出现人口迁移？长沙简牍博物馆馆长李鄂权认为是在孙吴时期的民族征伐过程中，产生了大量的“叛走”移民。三国时期纷繁复杂的政治环境、军事、逃避赋税、个人原因都可能导致“叛走”，吴简中“叛走”“叛士”“叛兵”多有记载。“‘叛走’流动路线有浏阳、吴昌、醴陵等地。从吴简所记‘黄武’‘黄龙’‘嘉禾’等年号来看，正与动乱事件时间相应。”

长沙走马楼三国吴简还有一批记载孙吴师佐及其家属状况的竹简，据研究考证，师佐应该是具有一技之长的手工业者，这批竹简中关于刘阳、醴陵的师佐记载很多，职业涵盖织锦、锻造、铸币、皮革、漆器等诸多行业，说明当年浏阳所属长沙地区经济社会发展行业众多，职业化程度较高，整个经济社会发展水平已经达到相当高度。

鉴于一直以来史籍中关于古代浏阳经济社会状况的史料非常稀缺，这批出土的吴简无疑提供了管窥浏阳在三国孙吴时期的识别密码。它至少有三个方面的重要意义：一是为浏阳最初的置县情况提供了档案佐证，说明了浏阳置县时间绝对不是在吴太平二年，而是更早；而浏阳县最初的县名叫刘阳。二是表明了孙吴时期浏阳已具有较强的政治经济地位，在嘉禾元年浏阳已经是孙吴分封给潘濬的侯国。两汉三国时期，列侯所食曰国，封地须具有相当经济社会发展水平，孙吴统治长沙时期，当时长沙郡辖区仅分封了刘阳、临湘、醴陵三个侯国给孙吴重臣，说明浏阳已是与当时的临湘县政治经济地位相当的重要县级行政区域。

第三节

风云变幻

——魏晋南北朝时期的浏阳社会

魏晋南北朝（220—589）是中国历史上政权更迭最频繁的时期。封建国家处于长期的分裂之中，民族矛盾与阶级矛盾相当尖锐，中国的北方战火不断，经济一度萧条，相反，南方各地相对平静，经济与文化得到一定程度发展，中国的经济重心开始逐渐南移。三国时代，长沙曾一度被蜀汉与孙吴分割，孙刘联盟破裂后，长沙全境归属孙吴。至晋代长沙属晋，南北朝时，长沙归属南朝的宋、齐、梁、陈，各王朝都定都于长江下游的建康，荆州控扼建康上游，其战略地位越来越重要，长沙遂从荆州、江州中分离出来，另立湘州。湘州行政区域的设置提高了长沙的政治与战略地位，促进了长沙的发展。浏阳虽然在三国孙吴时期以周瑜、鲁肃、吕蒙俸邑短暂属于汉昌郡，但大部分时间仍作为长沙的属县，见证和参与了这一漫长岁月的发展变迁。

1. 浏阳行政区划和建制变迁

（1）三国时期浏阳所属行政区划

东汉末年时湖南境内共有四郡：长沙、桂阳、零陵、武陵。建安十九年（214），孙、刘以湘水为界瓜分湖南，长沙被一分为二，东部属东吴，西部属蜀汉。建安二十四年，孙权遣吕蒙等夺取全部荆州，湖南全境为孙吴所有。孙权称帝建吴后，湖南的行政区划发生了较大变化，由原来的4郡划分为南郡、武陵、零陵、桂阳、长沙、临贺、天门、衡阳、湘东、昭陵10郡，隶属荆州。在这之前，刘阳（即浏阳，下同）于建安十四年成为周瑜俸邑，建安十五年周瑜死后，孙权分南郡之州陵县和长沙郡之汉昌、刘阳、下隽三县置汉昌郡，以鲁肃为太守，屯陆口。建安二十二年，吕蒙接替鲁肃成为汉昌太守，下隽、刘阳、汉昌和州陵成为吕蒙食邑。建安二十五年左右，省汉昌郡，刘阳、汉昌、下隽再次划入长沙郡。黄龙元年（229），孙权称帝，潘濬官拜少府，进封刘阳侯，刘阳成为孙吴统治时期长沙的三个侯国之一。

自太平二年（257）从长沙分出湘东郡和衡阳郡后，终吴之世，长沙郡下辖9县：临湘、攸、下隽、醴陵、浏阳、建宁、吴昌、罗、蒲圻。辖境相当于今长沙、株洲、湘潭、岳阳地区及湖北南部、江西东部部分地方。至吴宝鼎元年（266），孙休分长沙郡东部平都、宜春、新谕、永新、安复、萍乡、广兴等7县置安成郡。

（2）晋代浏阳所属行政区划

西晋至南朝的300年中，地方行政仍实行州、郡、县三级制。晋初，长沙郡仍隶属荆州，以临湘为治所，下辖临湘、刘阳、巴陵（太康元年分罗县置，今岳阳、临湘市地）、罗、吴昌、醴陵、建宁、攸、下隽、蒲圻等10县。西晋后期，由于北方各族势力的侵逼，西晋统治重心逐渐南移，荆湘地区更为重要。永嘉元年（307），晋怀帝司马炽分荆州的长沙、建昌、湘东、衡阳、邵陵、营阳、桂阳、零陵等8郡另立湘州，也以临湘（今长沙市）为治所，这期间浏阳行政区划依旧属于长沙郡。

（3）南朝各代浏阳所属行政区划

南朝宋、齐、梁、陈各代，对荆湘地区的战略地位都十分重视，加强了对长沙地区的控制。宋武帝刘裕立国之始，即开始对荆湘地区进行重点经营。永初三年（42），宋武帝即从荆州分出长沙、衡阳、桂阳、零陵、营阳、湘东、邵陵、广兴、临庆、始建10郡，重立湘州，较之晋代的湘州8郡又新增2郡，湘州的辖地不断扩大，说明其地位的重要。

据《宋书·州郡》载，刘宋一代，湘州下辖郡为长沙内史、衡阳内史、营阳太守、桂阳太守、零陵内史、湘东太守、邵陵太守、广兴公相、临庆内史、始建内史等10郡，其中长沙内史包括临湘、醴陵、浏阳、吴昌、罗、攸、建宁等7县。不过，湘州在刘宋一代也几经兴废。元嘉八年（431）十二月，刘宋撤湘州，并入荆州。元嘉十六年，又将其从荆州分立，并将长沙郡所辖的巴陵、下隽、蒲圻等县分出另设巴陵郡，仍属湘州。元嘉二十九年，又罢湘州入荆州，同时将南境的始兴、临贺、始安3郡划给了广州。

齐、梁、陈三代均设有湘州，但是辖区略有变化。据《南齐书·州郡》载，萧齐湘州下辖10郡，各郡下设县，大致与刘宋相当，其中长沙郡依旧下辖临湘、罗、湘阴、醴陵、浏阳、建宁等7县。

总之，魏晋南北朝时期，长沙或为郡而附属荆州，成为州的二级机构；或为湘州，政治地位与荆州并立。但是在魏晋南北朝的300余年历史中，湘州大部分时间仍然是存在的，长沙作为湘州州治也长期断续出现。这一时期，浏阳虽然在三国孙吴时期短暂与下隽、汉昌、州陵一起被纳入新设立的汉昌郡，但大部分时间作为长沙州郡的属县，在历史的长河中跟随着长沙的步伐不断向前。

2. 悠然见南山——魏晋南北朝浏阳经济社会和文化的发展

魏晋南北朝时期，虽然长沙地区行政区划时有变更，但浏阳长期作为其属县存在，经济社会和文化总体和长沙的发展相适应。

（1）经济社会的发展

魏晋南北朝时期，黄河流域先后出现过曹魏、西晋、五胡十六国及北朝（北魏、东魏、西魏、北齐、北周）等若干政权。其中，除西晋和北魏出现短期统一外，黄河流域长期处于分裂、割据状态，与此相反，南方长江流域却基本保持统一。这一时期，湖南得到较好的开发和发展，《宋书》称："江南之为国，盛矣。虽南包象浦，西括邛山，至于外奉贡赋，内充府实，止于荆、扬二州……自义熙十一年，司马休之外奔，至于元嘉末，三十有九载，兵车勿用，民不外劳，役宽务简，氓庶繁息，至余粮栖亩，户不夜扃，盖东西之极盛也……荆城跨南楚之富，扬部有全吴之沃，渔盐杞梓之利，充仞八方，丝绵布帛之饶，覆衣天下。"这段描述说明江南的荆州和扬州局部地区社会经济赶上并超过了北方，《宋书》中提到"荆城跨南楚之富"，南楚包括长江洞庭湖以南湘江流域的广大地盘，长沙属于其中，可见这个时期包括浏阳在内的长沙地区的社会经济均获得了前所未有的发展。

尽管关于浏阳的史料不完整，但从以下一些方面，还是能够管窥长沙地区所在浏阳县的经济社会发展概貌。

一是人口有较大幅度增长。秦代长沙地区人口数史书无明确记载，两汉之际，湖南地区人口大增，长沙地区的增长幅度则更大。据《汉书·地理志》载，西汉元始二年（2），湖南地区户、口数分别为126858和717449，其中长沙国户43470，口235825。这比文帝初年贾谊所说的"长沙国乃二万五千户耳"，已是大大增加。而到东汉永和五年（140）时，据《后汉书·郡国志四》载，湖南地区所辖四郡，户数达到649839，口数达到2813266，其中长沙郡户255854，口1059272。也就是说距此138年后，长沙郡长沙地区的户数增加了近5倍，人口数增长近3.5倍，为当时全国户口数增长最快的地区之一。这种大幅度增长，一方面是经济发展、人口自然增殖的结果，另一方面也与北方地区移民有关。浏阳设县正是在两汉人口大幅增长和豪强政权政治治理需要的背景之下产生的。进入三国孙吴时期后，浏阳不仅已经正式设县，而且人口和经济规模达到较高水平，并因此成为周瑜、鲁肃、吕蒙等孙吴重臣的食邑和分封给潘濬的侯国。

二是农业发展较快。东汉至魏晋南北朝时期，湖南的经济社会得到较快发展，以长沙地区而论，首先表现为农业生产得到较快发展。一方面是耕地面积不断扩大，另一方面是得益于外来人口的增加和先进农业技术的传播，所有这些，都有力推动了农业和经济的发展。农业经济的发展也让包括浏阳在内的地区的封建地主和豪族不断发展壮大。浏阳先后发现的西乡官桥公禁岭墓群和东乡的沿溪、古港等地的港星墓群均属于东汉至魏晋南北朝时期的豪族墓葬，从一个侧面展现了当时浏阳地区的经济状况和发展水平。

三是手工业发展迅速。两晋南北朝时期，浏阳的历史记载比较稀少，但是走马楼三国吴简关于刘阳师佐的记载相当多，牵涉到锻造、冶炼、铸币、织锦、漆器等诸多行业，而且人员众多，门类齐全，由此折射出了魏晋南北朝时期浏阳社会快速发展的另一个侧面。

四是商业贸易不断繁荣。三国时期长沙属吴，是吴国西陲重镇。由于孙吴统治长沙的60多年中政局稳定，战乱很少，因此贸易发展很快，形成许多集市。商人争相租赁集市摊位，摊主需向吏缴纳“地僦钱”。走马楼三国吴简中发现不少“临湘（长沙）谨列邑下居民收地僦钱人名为簿”的竹简，内容均为“郡士张口僦钱月五百，大女王汝僦钱月五百”“三月簿领地僦钱合七万五百”之类。《长沙走马楼22号古井发掘简报》通过分析，得出如下结论：“地僦钱按月征收，每月五百。地僦钱的拖欠，不得超过3个月，临湘侯国应急追催收。”可见当时长沙地区集市贸易已相当规范，并具有一定的规模。这一分析可以从侧面印证当时包括浏阳在内的长沙商业贸易的发展。

魏晋南北朝时期封建庄园经济盛行，政府对贵族、官僚经商采取纵容甚至优待的态度，使得这一时期的商业发展蒙上了一层封建色彩。当时的大庄园主很多既是地方官吏又是商人，他们利用手中的权势，享受免除赋税的特权，同时又可以廉价地驱使大批僮仆力役，往往垄断经营获取暴利。魏晋南北朝时期，在长沙为官的经商者因而并不少见。据《晋书》《南齐书》《陈书》记载：东晋时曾担任过浏阳县令的长沙太守孙盛“颇营资货”；

官桥么墨岭墓群出土文物

东晋长沙郡公陶侃曾在长沙郡东设立贸易市场夷市（与北方少数民族的互市），大获其利。浏阳古港沿溪一带的港星墓群和官桥一代的公禁岭墓群均是东汉至魏晋南北朝时期的豪族墓葬，表明当年浏阳地区豪族众多，封建庄园盛行，从另一个方面也反映了当时浏阳商业贸易和社会经济的活跃程度。

（2）文化的发展

一是教育得到发展。古代包括浏阳地区在内的长沙教育，从西汉以来即有不少记载，汉代私学的发展，尤其是到东汉末年和三国孙吴时期更是成就突出，在那个风云变幻年代中涌现出的一批出类拔萃、叱咤风云的人物，无不与私学培养教育发展有关。走马楼简牍中有关“私学”的文书，较早披露的、最典型的即为“私学谢达”文书：“私学长沙刘阳谢达，年卅一，居临湘都乡立沂丘，十一月十五，右郎中窦通举。”这个私学指代的社会身份是民间儒学教育体制下的受教育者，其身份的确定可能有学历和学籍的要求。私学身份虽然不构成当时社会的主体阶层，但从一个侧面反映了

浏阳市博物馆收藏的规矩神兽纹铜镜

当时浏阳的社会生活和教育形态。

二是文化不断繁荣。汉代以来，降至魏晋南北朝时期，长沙地区的文化发展具备一定的形态和水平，具体到浏阳，曾担任浏阳县令的孙盛即是东晋文史和玄学大家，南朝刘宋时期曾担任过浏阳令的何承天就是当时著名的思想家、音乐家、天文学家和数学家。

三是宗教开始传播。魏晋年间，佛教开始传入长沙地区，两晋以后，道教也在长沙地区广为传播。今浏阳大围山玉泉寺，即传为南朝龙树菩萨传人开山建造。

第四节

孙吴名邑，魏晋雄风

——浏阳精神的血性源头

孙吴时期是浏阳的历史开端，魏晋南北朝时期是风云变幻的年代，许多富有学识和胆识的人士叱咤风云，在各自所处的时期建功立业，不论藩封任官还是作为浏阳本土人物，他们的名字和业绩在浏阳的历史长河中留下了深深的印记。而在东晋永昌元年（322），本土的浏阳人易雄响应湘州刺史司马承起兵讨伐王敦，兵败被俘，以不畏死难而扬名天下，更是奠定了浏阳血性精神的源头。

1. 三国（吴）浏阳藩封人物及其职官

浏阳置县于东汉末年三国孙吴时期，而且先后成为周瑜、鲁肃、吕蒙、潘濬等孙吴重臣的藩封，并与孙吴名臣谷朗等相关联，是他们给了浏阳历史隆重的开端。

（1）周瑜（175—210），字公瑾，汉末名将，庐江舒县（今安徽省庐江县西南）人。21 岁起随孙策奔赴战场平定江东。东汉建安十三年（208），他率江东孙氏集团军队与刘备军队联合，于赤壁之战大败曹军，由此奠定三分天下的格局。建安十四年，拜偏将军，领南郡太守，刘阳和下隽、汉昌、州陵四县成为周瑜俸邑。建安十五年病逝，年仅 36 岁。

（2）鲁肃（172—217），字子敬，汉族，临淮郡东城县（今安徽定远）人，东汉末年杰出战略家、外交家。建安二年（197），鲁肃率领部属投奔孙权，为其提出鼎足江东的战略规划，因此得到孙权的赏识。建安十三年，曹操率大军南下。孙权部下多主降，而鲁肃与周瑜力排众议，坚决主战。结果，孙、刘联军大败曹军于赤壁，从此奠定了三国鼎立格局。

赤壁大战后，鲁肃被任命为赞军校尉。周瑜逝世后，孙权采纳周瑜生前建议，令鲁肃代周瑜职务领兵四千人，依旧食刘阳等四县俸邑。因鲁肃治军有方，军队很快发展到万余人。孙权根据当时政治军事形势需要，以鲁肃食邑下隽、刘阳、汉昌、州陵四县设汉昌郡，又任命鲁肃为汉昌太守，授偏将军；鲁肃随从孙权破皖城后，被授为横江将军，守陆口。此后鲁肃为索取荆州而邀荆州守将关羽相见，然而却无功而返。建安二十二年（217），鲁肃去世，终年 46 岁，孙权亲自为鲁肃发丧，诸葛亮亦为其举哀。

（3）吕蒙（179—220），字子明，东汉末年名将，汝南富陂（今安徽阜南吕家岗）人。少年时依附姐夫邓当，随孙策为将。以胆气称，累封别部司马。孙权统事后，渐受重用，从破黄祖作先登，封横野中郎将。从围曹仁于南郡，破朱光于皖城，累功拜庐江太守。后进占荆南三郡，计擒郝普，在逍遥津之战中奋勇抵抗张辽军追袭，并于濡须数御魏军，以功除左护军、虎威将军。鲁肃去世后，吕蒙西屯陆口，接收鲁肃军人马一万多人，并被孙权拜为汉昌太守，食邑依旧为下隽、刘阳、汉昌、州陵等原周瑜、鲁肃所食四县。设计袭取荆州，击败蜀汉名将关羽，使东吴国土面积大增。后拜南郡太守，封孱陵侯，受勋殊隆。不久后因病去世，享年 42 岁。吕蒙发愤勤学的事迹，成为了中国古代将领以勤补拙、笃志力学的代表，与其有关的成语有“士别三日”“刮目相看”“吴下阿蒙”等。

（4）潘濬（？—239），湖南汉寿县人，年轻时师事于宋忠，因受建安七子之一王粲赏识而知名，不到 30 岁就被刘表任命为江夏从事。建安二十四年（219），孙权占领荆州后，潘濬被拜为辅军中郎将，之后又升迁至奋威将军，封常迁亭侯，并与陆逊屯据武昌，管理荆州事务。黄龙元年（229）孙权称帝后，潘濬官拜少府，进封刘阳侯。赤乌二年（239），潘濬病卒，孙权下诏命潘濬子潘翥继承刘阳侯爵位。

（5）谷朗（218—272），字义先，东汉桂阳郡耒阳马水（今湖南耒阳市马水乡）人。出身官宦家庭，成年后，正值三国鼎立时期，出仕吴国，历郎中、尚书令史、郡中正、长沙刘阳令、都尉、尚书郎。后调入朝中，拜五官夕郎中，迁大中正大夫，专察举人才。吴永安六年（263），交趾郡（今越南）吏吕兴背叛吴国，建衡元年（269），谷朗率兵经番禺、牂牁，进军交趾，讨伐吕兴，平乱后迁九真太守。吴凤凰元年（272），病逝任所，归葬耒阳。为昭示其功绩，时人刻有《吴故九真太守谷府君碑》，简称《谷朗碑》，碑文称谷朗“弱冠仕郡……迁长沙刘阳令，播渥惠以育物，垂仁恩而布化。”谷朗是清嘉庆《浏阳县志》录入的第一个知名县令。

2. 两晋南朝浏阳豪杰、藩封人物及其职官

从晋太康元年（280）司马炎统一中国至隋开皇九年（589）杨坚灭陈共 309 年时间，在此期间浏阳作为长沙郡属县，先后经历了西晋、东晋、

南朝宋齐梁陈等诸多封建王朝的统治，伴随着朝代的不断更迭和军阀豪强的你争我夺，长沙大地上总是在上演着一幕幕情节迥异的故事，其中东晋浏阳人易雄相助谯王、湘州刺史司马承起兵征讨权臣王敦叛乱并慷慨赴死，成为了浏阳忠勇豪迈、敢为人先的精神源头。

（1）易雄，字长兴，湖南浏阳人。出身寒门，少聪敏好学，为人忠耿直率，疾恶如仇，熟知军政律法，为民众敬仰，官举孝廉，历任长沙郡主簿、湘州主簿、别驾等职，后因豪门士族的排挤，“谢职还家”。司马承任湘州刺史后，他被起用为舂陵县令。永昌元年（322）正月，权臣王敦在武昌发动叛乱，出兵攻打建康，同时派参军桓罴前来长沙，企图串合司马承派遣军队参与叛乱。早就对王敦有戒心的司马承当然不会参与反叛，决定起兵勤王，率所部“驰赴朝廷”，但当时湘州“地荒人鲜，势孤援绝”“众心疑惑”，司马承遂向长沙名士虞悝求助，并得到虞悝、虞望兄弟的帮助，开始举兵讨逆。

司马承起兵后，由时任舂陵县令易雄起草檄文，驰布湘州8郡。易雄驰檄远近，历数王敦罪状，“宣募县境，数日之中，有众千人负粮荷戈而从之”[1]。是年五月下旬，湘州州城长沙被王敦攻陷，至此，悲壮激烈的湘州抗逆之役，经过100多天的浴血苦战，终因粮尽援绝而告失败。长沙城破之后，司马承、虞悝、易雄等全部被俘。虞悝及其家人随即在长沙就义。司马承与易雄等被魏乂以槛车送往武昌。王敦戚党、荆州刺史王湞秉承王敦之命，派人于途中拦截，将司马承杀于槛车之中。易雄被押到武昌，“意气慷慨，面无惧色”。王敦派人拿出他起草的讨逆檄文，面责其过，易雄从容答道：“但惜雄位微力弱，不能救国之难，今日之死，固所愿耳！”[2]后被王敦派人暗中杀害。易雄为国平叛、悲壮捐躯的事迹，受历代帝王褒扬，赠谥“忠节”，谕立祠祀。今浏阳市枨冲镇枨冲社区将军洞坪上组蜈蚣岭山腰处存易雄墓。墓园占地约50平方米，以花岗石砌墓围，土冢高约2米，底径约4米。冢首立祁阳石墓碑，碑高2米，宽0.7米，碑两侧及上部浮雕二龙戏珠图案，正中阴刻“敕封忠愍侯易公讳雄、夫人潘之墓”，墓前立石雕翁仲、羊、马，墓后原建有墓庐，清道光元年（1821）重修。咸丰十年（1860），易姓后裔在山前通衢的峡山口立祁阳石神道碑，并建有护碑亭。1958年兴修水利时，墓围、碑亭等均被毁，现存墓冢、石翁仲和墓碑。山脚水库的堤坎上，石羊、石马隐约可见。2005年，易雄墓得到全面修复，同年，长沙市人民政府将其公布为市级文物保护单位。

①房玄龄：《晋书·易雄传》。

②房玄龄：《晋书·易雄传》

枨冲镇易雄墓

（2）孙盛（302—374），字安国，太原中都（今山西平遥县）人。东晋中期史学家、名士、官员。曹魏骠骑将军孙资玄孙、冯翊太守孙楚之孙。父恂，颍川太守。恂在郡遇贼被害，盛年十岁，避难渡江，遂定居江南，起家佐著作郎，出补浏阳县令，旋以参军同桓温伐蜀，平定后被赐爵安怀县侯。再平洛，进封吴昌县侯，补长沙太守。累迁秘书监，加给事中。年七十二卒。孙盛是寓居长沙最有名的玄学家，史称孙盛“博学，善言名理”。

孙盛也是一位颇有影响的历史学家。《晋书》卷八十二本传称：“盛笃学不倦，自少至老，手不释卷。著《魏氏春秋》《晋阳秋》，并诗赋论难复数十篇。”《隋书·经籍志》载《孙盛集》五卷，《新书·艺文志》载孙盛《观武春秋》二十卷，又《晋阳秋》二十卷。据考证，孙盛的著作除《魏氏春秋》《晋阳秋》《孙盛集》外，还有《逸人传》《魏世谱》《蜀世谱》《魏阳秋异同》。这些著作大都亡佚，今天只能从《弘明集》《广弘明集》《全晋文》《三国志》（裴松之注）和《世说新语》《册府元龟》等书中见到部分佚文。孙盛的作品，特别是《晋阳秋》一书写西晋到东晋前期的历史，能实事求是，秉笔直书，不为尊者讳，良能可贵。

（3）吕文显，据《南齐书》卷五十六《吕文显传》载：“吕文显，临海人也。初为宋孝武斋干直长。升明初，为太祖录尚书省事，累位至殿中侍御史，羽林监，带兰陵丞、令，龙骧将军，秣陵令。封刘阳县男。永明元年，除宁朔将军，中书通事舍人，本官如故。文显治事以刻核被知。三年，带南清河太守。与茹法亮等迭出入为舍人，并见亲幸。四方饷遗，岁各数百万，并造大宅，聚山开池。五年，为建康令，转长水校尉，历带南泰山、南谯太守，寻为司徒中兵参军，淮南太守，直舍人省。累迁左中郎将，南东莞太守，右军将军。高宗辅政，以文显守少府，见任使。历建武、永元之世，尚书右丞，少府卿。卒。”《南齐书》关于吕文显的介绍在卷五十六列传第三十七《幸臣》之中。幸臣是指为君主所宠爱的臣子。他先后经历南朝的宋、齐两个王朝，历经了宋孝武帝刘骏、齐明帝萧鸾、齐东昏侯萧宝卷等十一个皇帝，能左右逢源，得到各朝皇帝喜欢，做过尚书右丞、少府卿，最后平安地寿终正寝。吕文显受封为浏阳县男的时间在南朝宋顺帝刘准升明年间（477—479），县男的职务按当时封爵为正四品爵位。

（4）何承天，南朝宋著名的思想家、天文学家、数学家和音乐家，西晋右卫将军何伦侄孙。《宋书》卷六十四载：“何承天，东海郯人也。叔父肹为益阳令，随之官。义熙初（坊本《宋书》作‘义旗初’），长沙公陶延寿以为其辅国府参军，遣通敬于高祖（刘裕），因除浏阳令。寻去职还都。……十九年，立国子学，以本官（太子率更令）领国子博士。顷之，迁御史中丞。宋元嘉中，累官至御史中丞。二十四年，承天迁廷尉，未拜，上欲以为吏部，已受密旨，承天宣漏之，坐免官。卒于家，年七十八。”

何承天出身于官宦世家，他的母亲徐氏是东晋大学问家徐广的姐姐，因此，他虽然五岁丧父，但从小仍受到了良好教育，经史百家、各种书籍，无所不读。而立之年，何承天做了南蛮校尉桓伟的参军。但不久桓伟的弟弟起兵反叛，何承天怕受牵连，辞职回到了他叔叔何肦做县令的益阳。东晋末年他曾出任浏阳县令、太学博士。南朝宋时，他出任荆州刺史谢晦咨议参军、领记室。后入朝任尚书左丞。元嘉十六年（439），任著作佐郎，撰国史。随后，转任太子率更令。元嘉十九年，立国子学，以本官领国子博士，后迁御史中丞。元嘉二十四年，何承天升任廷尉，还没到职，宋文帝又让他改任吏部尚书，但由于在尚未正式任命之前何承天将这一任职泄露了出去，触犯了朝规，被罢官免职。同年病死于家中。

何承天为人耿直，执法不阿，颇具“威戎御远之略”。他还是中国南北朝时代杰出的天文学家。他继承了舅父徐广40余年对日月五星的观测记录和研究资料，又继续研究了40余年。宋元嘉二十年（443）创《元嘉历》。此历于元嘉二十二年颁行，行用到梁亡（509）。何承天还是当时有名的音乐家，他善弹古筝，宋文帝刘义隆曾把一个用白银装饰的筝赐给他。何承天最突出的贡献还是在音律方面，音乐界先辈王光祈先生曾给予何承天极高评价，说他发明的乐律计算方法是中国乐制史上的一大革命。

何承天著述颇丰，主要著作有《达性论》《与宗居士书》《答颜光禄》《杂语》《纂文》《报应问》等。

（5）缪方盛，据《宋书》卷九十四列传第五十四《阮佃夫传》载：缪方盛，山东兰陵人，在南朝（宋）时为前废帝刘子业内侍。刘子业猜忌宗亲，滥杀无度，被湘东王刘彧的心腹阮佃夫联络直阁将军柳光世和左右内侍缪方盛、周登夫等谋杀于后堂，并拥立刘彧为帝。刘彧即位后论功行赏，缪方盛被封为浏阳县侯，食邑四百户。清同治《浏阳县志》卷十六《职官二·藩封》有记载，但其生卒年间不详。

（6）萧大雅，《南史》卷五十四载：“浏阳公大雅，字仁风，简文第十二子也。大同九年，封浏阳公。少聪警，美姿仪，特为武帝所爱。台城陷，大雅犹命左右格战。贼至渐众，乃自缒而下，发愤感疾，薨。”

沿溪出土南朝青釉鸡首壶

南朝莲瓣纹青瓷四系盘口瓶

浏阳公大雅即南朝梁简文帝萧纲第十二个儿子，藩封为浏阳县公（按当时爵位为正二品）。萧纲（503—551），梁简文帝，字世缵，南朝兰陵（今江苏武进）人，梁武帝萧衍第三子，昭明太子萧统同母弟，母贵嫔丁令光。由于长兄萧统早死，萧纲在中大通三年（531）被立为太子。太清三年（549），爆发侯景之乱，梁武帝被囚饿死，萧纲即位，大宝二年（551）为侯景所害，葬于庄陵。萧纲为太子时，亦擅文学，因其创作风格，形成“宫体诗”的流派。其十二子浏阳公萧大雅在侯景之乱中战死。

第三章

唐风宋韵

—— 隋唐五代和宋元时期的浏阳

东汉末年以降，经历魏晋南北朝近 400 年的纷乱局面，终于在开皇九年（589）隋文帝灭陈后，国家复归统一。武德元年（618），隋王朝被唐王朝取代，新兴的唐王朝前期政治清明，社会繁荣稳定，出现了“贞观之治”“开元盛世”等繁盛局面，后期因为藩镇割据、宦官专权等，走上了盛极而衰的道路。之后，浏阳所在的长沙地区经历五代马楚国至宋元的朝代更替。总之，在唐宋之际的 800 年时光里，位居长沙东面的湖湘古邑浏阳，社会和经济、文化、宗教、医药等事业得到了较快发展，这一时期成为千年古县浏阳历史上的锦绣时光。

第一节

盛年锦时

——唐宋之际浏阳的政治社会状况

隋王朝在中国历史上，如昙花一现，只存在了短短37年，但它再次开启了中国大一统的历史进程，为盛唐的登场拉开了序幕，而唐王朝的“贞观之治”“开元盛世”，开创了中国历史上封建王朝的治理盛世；五代马殷在长沙立国虽然只有短短的不到60年，却让长沙地区在乱世中得到了偏安发展。这800年的时光里，浏阳因为文化、宗教和医药方面的亮色，在唐宋盛年的历史星空中闪耀着光芒，同时也演绎过盛年之下的废置和升迁轮回。

1. 百年废置：隋唐之际浏阳建制沿革和政治状况

清同治《浏阳县志》卷二《舆地一·建制沿革》载：“隋初废郡，置潭州总管府。大业中，复郡，改临湘为长沙，县废，浏阳并入之。唐景龙二年，复析置浏阳县于故城，隶潭州长沙郡，属江南西道。”魏晋以降，浏阳一直是作为一个单独的邑县出现在史册中，但在浏阳1800多年有记载的置县史中，其中有一段时间是并入长沙县的，那就是隋大业三年（607）至唐景龙二年（708）的101年。

魏晋南北朝时，地方行政为州、郡、县三级制，隋文帝开皇三年（583）十一月，下诏“罢天下诸郡”，改地方为州、县两级，省并一批州县。大业三年（607）三月，隋炀帝又改州为郡，地方形成郡、县两级。长沙郡所辖的临湘县改为长沙县，并省浏阳、醴陵二县并入，此时长沙县辖地包括今长沙、望城、浏阳、醴陵4县（市/区）地，区域大小大致与现今长沙市辖区相当。

唐王朝取代隋朝之后，唐代的地方行政仍沿袭隋朝的州（郡）、县两级制。武德四年（621），唐取长沙后，即将长沙郡改为潭州，仍以长沙县为治所，并调整原辖各县，将邵阳县划出，另立南梁州，从长沙、益阳、衡山三县分别划置醴陵、新康（624年又归入益阳）、湘乡三县，共辖6县。唐中宗景龙二年（708），又分长沙县复置浏阳县。唐玄宗天宝八年（749），将衡山县改名湘潭县。至此，潭州仍辖6县，即长沙、浏阳、醴陵、益阳、湘乡、

浏阳市博物馆藏隋代青瓷高足印花盘

浏阳市博物馆藏唐代亚型龙纹铜镜

湘潭，直至唐末。

唐朝末年，唐政权在黄巢农民起义军的沉重打击下迅速崩溃，各地进入军阀割据时期。在这个过程中，处于湘赣边陲的浏阳也频遭战火。清同治《浏阳县志·唐季兵事》载："唐以前史，不列浏兵事。唐中和末，黄巢灭，其从子浩拥众七千（《通志》作'七万'）寇江湖间，号'浪荡军'。天复初，掠陷浏阳。《唐书·逆臣传》：'浩欲据湖南，遂陷浏阳，杀掠甚众。湘阴强家邓进思，率壮士伏山中，击杀浩。'当是时，楚王马殷既为武安军节度使，据潭州矣。"又载：后梁开平元年六月，吴楚交战，吴兵败退浏阳，楚军以浏阳舟兵截江合击，大败吴兵。军阀马殷割据湖南后，在湖南建立马楚国政权，定都长沙，传承三世，统治湖南近60年，一定程度上确保了湖南长沙的偏安发展，作为长沙的属县，浏阳依旧是默默经历着五代十国的乱世时光。

2. 移民升州：宋元时期浏阳多元文化融合的开端

盛唐灿烂的文明过后，经过五代短暂的沉寂，又迎来经济文明和科技进入巅峰的宋朝。北宋统治者重商、重文的政治治理，把宋朝打造成了被西方学者所称的现代文明的"前夜"或"拂晓"，这一时期的浏阳更兼有杨时等名宦治理，与长沙一样，经济社会发展和中原地区实现了同步进步。元朝虽然立国时间较短，但其叱咤风云，疆域辽阔，是中国历史上前所未有的。虽然在入主中原的征伐过程中一度对社会经济和生产力造成很多破坏，但在政权稳定后实现了比较宽松的政治治理，又推动了人口的迁徙和文化的交融，这些都使元代的社会经济得到较大的发展。而浏阳人欧阳玄更是在元代不长的政治历史中起到了独特的积极作用。

宋元历时400多年，是长沙地区历史发展十分重要的时期。这一时期，包括浏阳在内的长沙已经确立了在中南地区区域性中心地位，政治经济社会不断向前发展，虽然历经朝代更迭和战乱纷争，但元代之前浏阳的区域建制均没有变化。祥兴二年（1279），南宋亡于元，在统一全国的过程中，元王朝逐渐建立了从中央到地方的庞大统治机构。元中央设中书省以统管全国政务，并划全国为10个大行政区，行中书省（简称行省）作为地方最高行政机构，掌管各地军政大事。在行省之下，元朝先后将宋代的路改为道，州升为路，部分县则改升为州，与县平级（直隶州在外），实行省、道、路、州（县）四级地方行政制。元至元十一年（1274），置湖广等处行中书省，十三年，改名为荆湖行省，治潭州（今长沙），次年，改名湖广行省。至元十八年，移治鄂州（今武昌）。湖广行省辖境广阔，包括了宋代的荆湖南、北两路和广南西路，为今湖南、湖北、广西、贵州4省之地。至元十三年，元军平定湖南，即将原有各州一律改为路，置安抚司。至元十四年三月元王朝设湖广行中书省后，宋代潭州改为潭州路，设潭州路总管府，派阿里海牙兵镇长沙，于城北设元帅府，为湖南军政一级机构。至元十五年（1278），改荆湖南路为湖南道，设宣慰使司，下辖潭州、衡州、永州、郴州、道州、全州、宝庆、武冈八路和茶陵、常宁二直隶州。当时，由于湖广行省尚设治于长沙，又因退入湘中、湘南山林溪峒的宋朝军民仍在进行抵抗，元王朝乃将湖南道治所设于衡州，以利就近弹压。至元十六年，湖广行省治所移鄂州，湖南道即迁治长沙，直到元朝末年。同年，潭州路改为湖南道宣慰司的治所。

据柯劭忞《新元史》载，元贞元年（1295），元朝升醴陵、浏阳、攸、湘乡、湘潭、益阳、湘阴为州，至此元代的天临路，领5县7州，即长沙、善化、宁乡、安化、衡山5县和浏阳、醴陵、湘潭、湘乡、攸县、湘阴、益阳7州，共12州县，治所设于长沙。清同治《浏阳县志》亦载："元至元间，立行省，改郡为潭州路，县隶于路，属湖广行省湖南道宣慰司。元贞元年，以浏阳户口增万余，升中州。"至此，浏阳出现了历史上唯一一次改县为州的短暂时光，直至明洪武二年（1369）复降为县，共74年的时间。

清同治《浏阳县志》卷四《公廨》载："县署旧在居仁镇。明洪武二年，知州史希贤迁今地。"在浏阳县升州的过程中，浏阳的治所也一度搬迁。南宋末年，战乱频繁，民生凋敝，经济社会和县域基础设施遭到极大破坏，浏阳因遭元兵屠城而故城废，只得在元初将治所迁至居仁镇（今官渡镇），直至明洪武二年（1369），知州史希贤又将治所回迁今治。

元贞元年浏阳升县为州有着特殊的时代背景。一是朝代更迭过程中，战乱造成本地人口大幅减少，而且浏阳地广人稀，新的元朝政权成立后，诏令相邻地区（主要是江西）移民充实浏阳。同治《浏阳县志·宋季兵事》载："宋德祐二年（1276）正月，元兵破潭，浏遭歼屠殆尽，奉诏招邻县民实其地，则浏受害酷矣。"据浏阳市档案馆有关族谱档案记载，从姓氏源流来看，当时移民大部分来自江西，江西成为浏阳人口的主要源流。移民大量涌入扩大了浏阳的人口规模，客观上实现了地域人口的快速增长，促进了浏阳的经济社会发展。至元末明初，浏阳人口已达到七万一千多人。二是地处湘东的长沙地区战略地位极其重要。“湖、岭要据”潭州，在元军平定湖湘、征服岭南的战争中起到了举足轻重的作用，元军攻占长沙，为进一步平定湖南全境，进而征服两广，取得了一个战略要地。因此，元朝所建立的湖广行省当时又称为“潭州行省”“湖南行省”。有元一代，长沙仍然是湖南军事重镇，湖南最高军事指挥机构湖南宣慰使治所即设长沙，长沙成为湖南宣慰使所辖各路、州、万户府的指挥中心，浏阳地处湘东，是藩镇湘赣的重要屏障，人口规模和位置的重要性使浏阳在历史上唯一一次跨入了州级的行列。据欧阳玄《浏阳州州官提名记》载：“元贞元年乙未，浏阳以县升中州，置建达鲁花赤、知州各一员，正五品；同知两员，从六品；判官两员，从七品。”[1]从官吏设置架构和级别来看，充分证明了浏阳当年的地位和重要性。

元贞元年浏阳移民升州最大的意义是开启了浏阳熔炉文化的闸门，促进了千年古县浏阳多元文化的大融合，浏阳本土土著文化中的忠勇、血性、担当与外来文化中的开放、包容结合，成为了近现代浏阳精神的历史源头。

①李修生主编：《全元文》34《欧阳玄·九》，凤凰出版社，2004年版。

第二节

诗圣缀棹青枫浦

——长浏盆地最富诗意的九曲浏河第一湾

唐代是中国文学的高原，无数的文学家在一生中留下了很多千古名篇，他们的著作成为了照亮后人文学之路的历史灯塔和艺术标杆。浏阳山川秀美，疆域辽阔，藏龙卧虎，造化独特，历来被文人雅士向往和青睐。史上更有唐代诗圣杜甫和刘长卿等慕名而来，写下关于浏阳的千古名篇。外来文学在浏阳的诗意驻足，让充满血性的浏阳人心上多了一道诗意的光芒。

1. 青枫浦：南下清浏第一湾

浏阳河是一条享誉世界的名河，作为湘江的主要支流，它虽然全长只有 242 公里，但在进入双江口之前它是由两条河流组成的，一条是发源于大围山北麓的大溪河，全长 87.5 公里，一条是发源于大围山南麓的小溪河，全长 92 公里。两条河流在城郊绕过中咀山进入双江口后，汇合成为一条河流，穿城而过的浏阳河在城西樟树潭绕出了浏阳河上第一道弯，从南浏桥过来的清渭水就是在这美丽的第一道弯上流入浏阳河的，这个位置就是被杜甫、张若虚写进著名诗篇的双枫浦。

双枫浦是古浏阳八景之一“枫浦渔樵”所在地，位于浏阳城南浦梓港，清渭水从南向北，洋洋洒洒流来，一泓碧水，波光荡漾，缓缓泻入浏阳河。史载古代这里有两株大枫树矗立两岸，挺拔苍莽。《全唐诗》《宋本方舆胜览》和《汉语大词典》均注解“青枫浦”：“地名。又名双枫浦，在今湖南省浏阳县南。”[1]唐大历四年（769），诗圣杜甫路经此地，留下诗篇《双枫浦》：

缀棹青枫浦，双枫旧已摧。
自惊衰谢力，不道栋梁材。
浪足浮纱帽，皮须截锦苔。
江边地有主，暂借上天回。

①祝穆：《宋本方舆览胜》卷二十三《湖南路·潭州》

长沙市地方志办公室主任王习加所著《中心城市视角下的长沙历史文化》一书，称杜甫另一首写于湖南的诗《归梦》也创作于浏阳双枫浦[1]，兹录如下：

道路时通塞，江山日寂寥。
偷生唯一老，伐叛已三朝。
雨急青枫暮，云深黑水遥。
梦归归未得，不用楚辞招。

《汉语大词典》解释“青枫浦”词条义项①“地名”中，也引用了杜甫《归梦》中的“雨急青枫暮，云深黑水遥”，说“青枫浦”亦省称“青枫”。《浏阳八景》诗的旧序赞《枫浦渔樵》曰：“县南双枫浦，依山临水，藤萝交翠，夕阳下渔歌互答，如入桃源。”明代诗人夏瑄作《浏阳八景诗》，赞双枫浦为“南下清浏第一湾”。这就难怪诗圣杜甫会在此流连忘返，与这里深情结缘。

2. 洞阳山：桃园几家住，谁为扫荆扉

与李白同时代的刘长卿（约709—781）曾两度来长沙，并留下很多诗篇。刘长卿，字文房，宣城（今属安徽）人，一作河间（今属河北）人。唐玄宗天宝间进士，肃宗至德间任监察御史、长洲县尉，贬岭南南巴（广东茂名县）尉，后返，旅居江浙。代宗时历任转运使判官，知淮西、鄂岳转运留后，被诬再贬睦州司马，德宗建中二年（781），任随州（今属湖北）刺史，世称刘随州。刘长卿仕途不顺，两次贬官途中都经过长沙，因之在长沙留下诗歌不少。其诗风格简淡，长于五言，称为“五言长城”。他在知淮西、鄂岳转运留后时途经长沙，写下了《湘中纪行十首》，其中就有慕名而游浏阳洞阳山之后写的《洞阳山》，自注“浮丘公旧隐处”。诗曰：

旧日仙成处，荒林客到稀。
白云将犬去，芳草任人归。
空谷无行径，深山少落晖。
桃园几家住，谁为扫荆扉。

[1] 王习加主编：《中心城市视角下的长沙历史文化》，湖南大学出版社，2018年版，第197页。

清《一统志》载：“洞阳山，在县西北六十里，以山洞向南而名，周围百十里，唐孙思邈炼丹于此。上有石坛山涧，有湫水潭，流入洞中半里许。石窦引光，沙石朗然，内有龙迹。道书第二十四洞天。”浮丘公是古代传说中的仙人。《列仙传》载：浮丘公是接仙人王子乔上嵩山的道士，曾隐居洞阳山。

洞阳山作为道教唐代潭州的两洞天之一，让唐代著名田园诗人刘长卿慕名而来，或许因为年代久远，旧日成仙的隐真观已经客去人稀，让诗人感慨万千，因而写下了这首《洞阳山》，同时也让洞阳这个旧日福地留下了刘长卿这位田园诗人怅然而返的一抹残影。

第三节

惠泽后人

——唐宋时期浏阳的宗教和医学成就

唐宋时期是中国封建社会的鼎盛时期，这一时期封建王朝采取相对开明的政策，不仅对外域的先进文化兼收并蓄，各地的文化传播辐射也异常活跃，处于长沙东隅的浏阳也在宗教文化和医学方面闪烁着璀璨光芒。

1. 开宗立派，法门净土——宗教在浏阳的兴盛传播

隋唐结束了绵延数百年的战乱和分裂，重新统一南北，建立起强大的王朝，统治者对宗教采取兼容开放的态度，思想上对儒、释、道三教并重，并最终促成儒、释、道三教由冲突走向融合。隋唐乃至宋代时期我国古代宗教达到全面繁荣，并对宋明理学的产生具有直接的影响。

地理位置独特的浏阳在这一时期宗教发展迎来全面繁荣，对后世和其他地区产生过重要影响。

（1）佛教

长沙地区出现最早的寺院是始建于西晋泰始四年（268）的慧光寺，也就是后来的麓山寺。是年，法崇禅师“振锡江左”，游至岳麓山，请建清寺，于是草创了慧光寺。佛教隋唐时期，潭州流行佛教八大宗之中的律宗，此外，禅宗在长沙也十分流行，从禅宗中分离出来的新宗派临济宗、曹洞宗、沩仰宗等都盛行一时，佛教哲学文化亦随之繁荣。在这个过程中，山川奇特、钟灵毓秀的浏阳发挥了极其重要的作用。

佛教何时最早进入浏阳无准确记载，同治《浏阳县志·城北寺观》载：“普济寺，在登龙山，创自晋永宁时，明吉藩增建转轮法殿。旧志云：‘精蓝之最古者。’”同治《浏阳县志·城郭寺观》又载：“兜率寺，在南城皇仓街，一曰大寺。建自晋代，初名莲花寺，宋嘉定中改今名。”但也有一说莲花寺建自后晋。此外尚有据传大围山玉泉寺为南朝龙树菩萨传人开山辟建。但不管怎样，浏阳佛教的兴盛应该始自唐代无疑。

自唐代宗智禅师开山于道吾山兴华禅寺起，兴华禅寺便成为佛教南宗下第三代重要祖庭之一，由此发祥的有石霜、大光、宝盖三大祖庭。兴华禅寺在浏阳市北郊道吾山，为唐宗智禅师创建。宗智禅师，别名园智，俗

道吾山兴华禅寺

姓张，出生于永修县，系唐代豫章海昏张氏子。幼年出家，依百丈山槃和尚受戒。后投药山惟俨门下，得其心印而嗣其法。后居潭州浏阳道吾山，圆寂后敕谥修一大师。据清《湖广通志》记载，唐大和年间，宗智禅师于浏阳境内寻修行之所，一日至于浏阳县北郊之山，行至半途，遇巨石阻塞道路，正准备返回时，忽然听得山中雷声滚滚，阻道巨石砰然碎裂，道路豁然通畅。宗智禅师沿山路登顶至石湫上，发现有一白衣老人危坐石上，向他作礼说："吾此中娑伽龙也，待师久矣。"宗智禅师回答说："吾志惟此，道成吾矣。"[1]后来，此山就以"道吾"为名，宗智禅师在山上辟地建寺弘扬佛法。唐文宗时，其影响和规模不断扩大，唐朝廷敕建"护国兴华大禅院"。大和九年（835）九月，宗智禅师圆寂。兴华禅寺在唐代高僧辈出，从浏阳三大祖庭得法的高僧近 70 人，约占全国 1200 年间高僧总数

①迈柱等监修：《湖广通志·卷八十》之《长沙府》。

的 6%，宗智禅师后来成为佛教青原系的四世祖，其弟子庆诸和尚更是开创石霜寺崇胜禅林的高僧，不断扩大了佛教的传播范围。

清嘉庆、同治《浏阳县志》皆载：石霜寺在霜华山。旧志：“唐僖宗赐名崇胜禅林。殿高九十馀尺，佛七十尺，传裴休监造。”《府志》：“唐普惠禅师建，受封，赐香火田。今其寺犹盛。”

庆诸（807—888），唐庐陵新淦（今江西新干县）人，俗姓陈，13 岁皈依佛门，师从洪州西山绍銮禅师，23 岁赴嵩岳受具足戒，后至洛阳学习毗尼。学了一段时间之后，庆诸禅师感觉多年所学都是“渐教”，与自己出家志求顿悟成佛的愿望存在着相当距离，最终弃学回到江西，后投潭州沩山灵祐禅师座下，充当米头（专门负责舂米）。不久，他又赴道吾山从道吾宗智禅师学佛，并在宗智禅师处悟得正道。会昌法难后，庆诸禅师混俗于潭州浏阳县陶家坊一带，与村众朝游夕处，没有人知道他拥有高深的佛法。唐宣宗重弘佛法后，庆诸驻锡石霜寺宣扬佛法。相传，崇奉佛教的裴休曾执笏来石霜寺与庆诸讨论佛理，庆诸拈起裴休笏板问道：“在天子手中为珪，在官人手中为笏，在老僧手中且道唤作甚么？”[1]裴休无言以对。庆诸禅师于是留下裴休之笏为镇山之宝。高僧洞山良价（807—869）弟子

①释普济：《五灯会元·道吾宗智禅师法嗣》

石霜寺全景

曾专门前往拜见石霜庆诸，洞山听了弟子介绍后，非常赞赏石霜，说“浏阳有古佛出耶”。因此，洞山圆寂后，徒众多投奔石霜，石霜寺也就成了潭州一大丛林。至晚唐僖宗时，僖宗第三子，名普闻，号龙湖禅师，曾来石霜寺从庆诸学道。僖宗十分重视石霜寺，亲赐庆诸紫衣以示恩宠，又赐建寺院并题名为“崇胜寺”，僖宗还遣其子在石霜寺出家，号“普闻禅师”，今石霜寺山涧间存太子桥，即是当时遗迹。光启四年（888），石霜庆诸安坐迁化，享寿82岁，葬于寺院西北隅，谥“普会”，塔号见相（《禅林僧宝传》作“无相”）。据记载唐代石霜寺盛时，共管辖寺院48处、房屋5048间，正殿高30米，佛高23.3米，此外还有祖堂、斋堂、禅堂、文殊堂、藏经殿等。庆诸住持石霜寺30年，佛学之风大开，追随僧众达1000人，其中近800人一心参禅，长坐不卧，屹若朽株，天下谓之“枯木禅”。

石霜寺普圆觉塔

石霜寺在中国佛教禅宗史上地位显著，龙象辈出，法脉流长。到北宋，石霜寺得到进一步繁荣兴盛。宋初石霜寺禅师楚圆游历北方，接受禅宗临济宗学说，并回石霜寺传教，其嫡传弟子慧南开创黄龙派，方会开创杨岐派。因此，宋代禅宗五家七宗中有两派都发源于唐代建立的石霜寺。宋时，日本高僧明庵荣西和俊都曾在石霜寺学法，归国后分别创立了日本佛教中的临济和中严两个宗派。所以发源于唐代晚期的石霜寺在日本佛教发展史上也具有重要地位。史上浏阳历代高僧大德的杰出贡献，使兴华禅寺和石霜寺不仅在国内声名远播，法脉更是远延朝鲜、日本，成为闪耀着灿烂历史光辉的佛教祖庭。

（2）道教

道教是东汉末年由张道陵创立的宗教，其主要教义认为道徒通过各种形式的修行，最终可以得道，得道后的道徒可以长视久生，成为神仙。道教在湖南有悠久的流传历史。据明代《衡岳志》记载，东汉末年，道教创始人大师张道陵曾云游过南岳。魏晋之间的黄老道人杜巽才（世称铁脚道人）也曾游历南岳，祭拜祝融神。晋武帝时王谷神和皮元曜同时在南岳修道化仙，分别被封为“太微先生”和“太素先生”。晋太兴年间，晋室女官祭酒魏华存至南岳潜心修道16年，宣讲上清经录，成为在湖南最早的开坛传教者。隋大业八年（612），炀帝命道士蔡法涛、李法正至衡岳观焚修，兴行教法，南岳道教纳入中央道教体系。浏阳县北的洞阳山道观，在隋代大业中即被朝廷赐额“隐真观”。

唐代皇帝崇奉道教，道教被称为国教，唐高宗李治尊太上老君为“太上玄元皇帝”，敕令各州建道观。此时，道教的“洞天福地”观念已经形成。全国拥有七十二福地、三十六洞天。福地、洞天，是道教仙境的一部分，多以名山为主景，或兼有山水，认为此中有神仙主治，乃众仙所居，道士居此修炼或登山请乞，则可得道成仙。唐代潭州（长沙）拥有两个福地和两个洞天。潭州道教的第一个福地是岳麓山，岳麓山被道教称为“灵麓峰”，系道教七十二福地之第二十洞真虚福地。第二个福地是位于长沙市今开福区的鹅羊山，鹅羊山又名东华山、石宝山，为道教第二十二福地。唐代潭州的第一个洞天是醴陵小沩山洞天，为道教第十三洞天。唐代潭州道教的第二个洞天是浏阳的洞阳山。光绪《湖南通志》载：“洞阳山，在县西北六十里，以山洞向南而名，周回百十里。唐孙思邈炼丹于此。杜光庭《洞天记》曰：‘第二十四洞天，山名洞阳，洞阳隐观之天。’”

唐代潭州除了拥有道教指称的福地、洞天外，还建有不少道教宫观，比较著名的有浏阳县所建的升冲观。据传唐代名医孙思邈隐居浏阳县城东浏阳河畔的一座石山修道，卒后，当地人为纪念他，称此山为“孙隐山”。其道徒孙之道以其师卒于此，即于其地修建屋宇进行祭祀，号其观为“升冲观”。此后历宋元明清，多次兴建。明天顺辛巳年（1461），大学士庐陵陈文撰有《升冲观记》。明代县吏郑亭曾作七律《时雨观中》云：“孙隐兹山已多年，至今古观尚依然。云间不见炼丹灶，桥下犹留洗药泉。造谒为民祈雨泽，徘徊寓目爱山川。穹碑名载飞升事，胜迹由来岂浪传。”清同治《浏阳县志》载有《秋登炼药台》诗云：“偶玩流泉洁，因登炼药台。白云散尽余衰草，炼药神仙安在哉？天地生人天地老，不如饮酒且归来。”

2. 医者仁心济天下——孙思邈隐居浏阳时期的巨大医学成就

长沙医学素称发达。马王堆西汉墓出土的医学著作和东汉长沙太守张仲景的《伤寒杂病论》都足以表明长沙在中国古代中医学上的重要地位，而隋唐时代长沙的中医学也获得大的发展，其代表人物是据传隐居于浏阳的孙思邈。

孙思邈（约541—682），京兆华原（今陕西耀县）人，精通百家之说，尤长于老庄之学。隋文帝辅政，征他为国子博士，他坚决推辞；唐初，他又谢绝太宗和高宗授予的官爵。据传孙思邈约在上元元年（674）后隐居浏阳，撰有《备急千金要方》30卷和《千金翼方》，今两书均流传于世，为中医学元典。他还注释过《老子》《庄子》，撰写《枕中素书》1卷。有的研究者认为孙思邈的医学巨著《备急千金要方》大致成书于隐居浏阳时期，全书共30卷，分232门，合方论5300余首。“是书所载，始妇女而次婴孺，后丈夫而终耄耋，每叙一病，皆先论藏府之禀受，又辨脉证之盛衰，次审砭艾之所宜，乃明药石之相应，至于吐纳、宣导、饮食、补养、案摩、符禁、黄冶、丹石，众术咸备，靡不臻妙”。[1]此书所载内容广泛，分类明确，条理清晰，被后世中医誉为临床医学百科全书。本书规模宏大，远迈前代，从而突破了中医长期医必称《黄帝内经》和药必言《神农本草》的医学教条。但孙思邈没有就此满足，在尔后多年的医疗实践中，又在前书的基础上，继续探索，不断积累，在生命行将终结之前，又完成了另一名著《千金翼方》，对《备急千金要方》加以补充和发挥。今两书统称为《千金方》。孙思邈

[1] 苏颂：《苏魏公文集》卷六十五《校定〈备急千金要方〉序》

的医学著作《千金方》对我国中医学的发展具有极为重要的意义。首先，《千金方》对中医病理治疗方面有新的创造。《千金方》中不仅收载了唐以前的“经义古方”，而且还记录了大量的“俗说单方”，难能可贵的是他结合自己的医学临床实践，对这些药方进行了认真的检验，从丰富的医学实践中，创造性地发展了中医学。此外，本书对疾病的预防、诊断、用药处方、针灸食疗等，都作了精辟的论述，其中特别是对妇科、儿科方面有许多独创见解。其次，《千金方》在中药学方面进行了深入的探讨，纠正了过去许多对药物药性的错误认识，提出了科学的中药分类方法。此外，孙思邈还创立了依据药物的功能进行分类的方法。由于他对药物学方面的贡献卓著，后世尊其为“药王”。再次，孙思邈医学思想先进，奠定了中医医德基础。孙思邈重视人的生命价值，处处体现着他的“医者仁心”。其医学著作命名为《千金方》，即是他对生命价值重视的体现。孙思邈关爱生命的言论、关于医德的论述，成为千百年来中医医德的理论基础。

至今浏阳境内还流传着“药王”孙思邈医治九溪洞巨龙的传说。九溪洞，位于浏阳县原坪山乡（今属洞阳镇）鲤鱼山下，距浏阳县城约 30 公里。又名九鸡洞、龙洞，为一天然石灰岩溶洞。长 300 余米，高 14 米许，最宽处约 20 米，两端各有洞口可出入，中有一条涓涓溪水穿洞而过。传说古时洞内藏一巨龙，因病化作老人求治于药王孙思邈，药王以治愈后应从善、不伤人命为约，取山中樟叶夹入每片龙鳞之中，龙遂病愈，化成九只锦鸡飞出洞外而去，因此又名九鸡洞。

为了更好地纪念孙思邈这位医学名家，今浏阳市建有思邈公园，园内恢复升冲观、洗药井、洗药桥等古迹，又新建药王雕像和青石牌坊、千金方碑、孙隐阁等唐代建筑风格的纪念建筑。浏阳市生物医药园亦建有药王庙，以此纪念这位千古“药王”。

第四节

花炮之始
——从唐朝开始许你一城烟火

浏阳花炮响天下，天下花炮数浏阳。今天的浏阳已经享誉全球，人们对于浏阳的了解，除了那首民歌《浏阳河》，更因为那闪耀在夜空和天际的美轮美奂的浏阳花炮。爱上浏阳，会从一场烟火开始，是来自浏阳的花炮让人记住了一座叫浏阳的城。

古往今来，鞭炮烟花几乎就是浏阳唱主角的天下。民国时期出版的《中国实业年志》记载：“湘省爆竹之制造，始于唐代，发达于宋末，而发源于浏阳也。”据传，鞭炮的发明人系浏阳大瑶镇人李畋。李畋，唐初生于与江西上栗相邻的湖南浏阳麻石街上，被后人尊称为花炮的始祖。唐《异闻录》记载，“李畋居山中，邻人仲叟家为山魈所祟，畋命旦夕于庭中用竹著火中，鬼乃惊循，至晓，寂然安帖。”传说李畋是个猎人，他曾向当时隐居浏阳的炼丹家、药王孙思邈学习过火药的使用技术。当时孙思邈隐居在浏阳孙隐山，在洗药井洗药炼丹。李畋前去寻求帮助，孙思邈给了他一包火药，并告诉他，把火药装在一节一节的小竹筒里，点燃后即可爆裂，发出巨响。李畋回家后，按照孙思邈的方法实验果真如是。历史上最早的爆竹就此诞生。可是，竹筒制作的爆竹虽然响亮，但危险性大，极容易伤人。李畋希望加以改进，他苦思冥想，通过不断地实验，终于成功地采用纸筒来包裹火药——两头用泥巴封好，一头插上点火线。这样，真正实用的爆竹就产生了。李畋用鞭炮的巨大声响和硫磺气味驱散了瘴气，吓走了鬼魅，被后人尊称为“爆竹祖师”。

其实烟花爆竹起源更早可以追溯到先秦时期已存在的“炮祭”。先秦时期的“炮祭”，是燃烧柴火以“敬神驱邪”的一种宗教行为。《周礼·春官·大祝》篇所记载的“九祭”中的第三祭，即是“炮祭”。“炮”，其实就是烧，是古代烧柴祭天的仪式。郑玄注曰：“炮祭，燔柴也。”薪柴竹木燃烧时会发出声响，这是先秦时期流行的一种“用火”方式。隋唐之际，火药发展成为供娱乐用的焰火。焰火，也叫烟火、烟花。隋炀帝有诗云：“灯树千光照，花焰七枝开。”

唐朝之后，过年燃放爆竹之风到宋代更为普遍，宋代文人所记比唐代更加丰富：“城中爆竹已残更，朔吹翻江意未平”（陈与义《除夜二首》）、“爆

浏阳花炮博物馆李畋塑像

竹一声乡梦破，残灯永夜客愁新”（黄公度《乙亥岁除渔梁村》）……当然，最著名的还是王安石的《元日》诗：“爆竹声中一岁除，春风送暖入屠苏。千门万户曈曈日，总把新桃换旧符。”其中的“爆竹声中一岁除”成了过年时最流行的名句。宋朝的“架子烟火”或“盆景烟花”，已具相当规模。每逢元宵佳节，达官巨贾竞相比美，从掌灯后不久直至更残漏尽。曾任湖南安抚使并知潭州的南宋著名词人辛弃疾曾有“东风夜放花千树，更吹落，星如雨”的词句，便是对它生动而形象的描写。

宋末元初，爆竹已成时人过年时必备的“年货”，燃放方式也有了很大的变化。宋代孟元老《东京梦华录》被号称文字版的《清明上河图》，是北宋汴梁的风情画。在《驾登宝津楼诸军呈百戏》一文中多处记载了诸军百戏中使用“爆仗”的情景，说明当时“爆仗”已是生活中的日常用品。周密的《武林旧事》“岁除”条称，“至于爆仗，有为果子人物等类不一。而殿司所进屏风，外画钟馗捕鬼之类。而内藏药线，一爇连百余不绝。箫鼓迎春。”“一爇连百余不绝”，就是将单一爆竹编连接在一起，这种方法，时人俗称为“编炮”，与现代燃放方式已无区别。因炸时如舞长鞭般响震，又被叫做“鞭炮”。南宋时期国内已开始举办多种大型烟花晚会，当时的许多烟花爆竹制作技术一直沿用至今。

历史记载浏阳一直是“爆竹制造之中心地”，但浏阳鞭炮烟花真正形成行业是在清乾隆年间。光绪十一年（1885），培德厚爆庄首在广州设庄，进入洋庄贸易。光绪二十六年至三十年，在长沙经营鞭炮的裕大庄，直接将鞭炮运销香港。润记庄除运销香港外，兼及新加坡、泰国等国家。宣统年间，经长沙海关出口的鞭炮在5万担（即10万箱）左右，值银90万两。海外市场拓展到南洋群岛，印度、秘鲁及欧洲诸国。民国初期至日本侵华战争前，每年外销约4万箱。战后回升到5万箱，至解放前夕又降为2万箱。[1]

改革开放以后，花炮这一传统产业在浏阳得到很大发展，浏阳先后成立了花炮研究所、花炮管理局等科研机构和管理机构进行科研和管理，通过不断培训专业人才，使古老的传统工艺与现代科学技术相结合，从简陋原始的手工作坊，到不断创新的现代化生产，浏阳花炮已发展成为了一个庞大的产业集群。2017年，浏阳花炮实现总产值228亿元，浏阳成为了名副其实的世界“花炮之乡”。花炮，是浏阳游子永远的乡愁，在唐朝许下一城烟火，从长安开始，在李畋的故里升腾……

[1] 浏阳市地方志编纂委员会：《浏阳县志》第二章《对外贸易》，中国城市出版社，1994年版，第609页。

第五节

名宦杨时在浏阳

——闽学和湖湘文化的浏阳萌芽

清嘉庆二十三年（1818）版《浏阳县志》卷二十四专门录《政绩》一卷，记录浏阳古代名宦政绩，共录有三国东吴谷朗，晋代孙盛，宋代杨时、徐玠、徐经孙，明代史希贤、赵贯、孔良弼，清代徐维垮、侯朴等名宦政绩于史上，其中尤以宋代杨时政绩和贤名昭然，堪称后世楷模。

后人熟悉杨时或许更早是来源于一个叫“程门立雪”的成语故事：远在北宋时期，福建将乐县有个叫杨时的进士，他特别喜好钻研学问，到处寻师访友，曾就学于洛阳著名学者、北宋理学奠基者之一的程颢门下。程颢死前，又将杨时推荐到其弟程颐门下，在洛阳伊川所建的伊川书院中求学。杨时那时已40多岁，学问也相当高，但他仍谦虚谨慎，不骄不躁，尊师敬友，深得程颐的喜爱，被程颐视为得意门生，得其真传。一天，杨时同一起学习的游酢向程颐请求学问，却不巧赶上老师正在屋中打盹儿。杨时便劝告游酢不要惊醒老师，于是两人静立门口，等老师醒来。一会儿，天飘起鹅毛大雪，越下越急，杨时和游酢却还立在雪中，游酢实在冻的受不了，几次想叫醒程颐，都被杨时阻拦住了。直到程颐一觉醒来，才赫然发现门外的两个雪人！从此，程颐深受感动，更加尽心尽力教授杨时，杨时不负众望，终于学到了老师的全部学问。后来，杨时辗转官场但不忘传播程氏理学，且形成独家学派，世称“龟山先生”。后人便用“程门立雪”这个典故，来赞扬那些求学师门，诚心专志，尊师重道的学子。

杨时（1053—1135），北宋学者、官吏。字中立，号龟山，宋时南剑州将乐（今福建）人。熙宁九年（1076）进士，历官徐州、虔州司法和浏阳、余杭、萧山知县，荆州教授、秘书郎、工部侍郎、龙图阁直学士等职。杨时在宋代拥有较高历史地位。一是因为他的理学成就，他先后师从程颢、程颐兄弟，与游酢、吕大临、谢良佐并称“程门高弟”。杨时一生精研理学，特别是他“倡导东南”，对闽中理学的兴起，有筚路蓝缕之功，被后人称为“闽学鼻祖”。二是他为官主政时强烈的民本意识，不管是在浏阳还是萧山或是余杭，他都能为民请命，替民分忧，所任职处“皆有惠政，民思不忘”。三是坚守一生的清廉气节。杨时刚直不阿，不管是在地方还是朝廷为官，都勇于坚守原则，不媚权贵。杨时去世后，“身后萧然，家徒壁立”，堪称为官为人的楷模。

浏阳是杨时官宦生涯的重要阶段，嘉庆《浏阳县志》卷十六《职官·政略》记载了杨时这段经历：杨时“元祐八年（1093），四十一岁授知潭州浏阳县事，四十二岁赴浏阳任。四十三岁官浏阳，上程漕书及提举议差役雇钱书；四十六岁始去。”“在任四年有惠政，于县治作飞鹦亭，又作归鸿阁，自为石刻记。漕使胡师文恶之，以不催积欠被劾，寓浏阳，与州牧书乞米赈饥；元符元年归里。”明嘉靖《浏阳县志》这样记载杨时：“杨时，字中立，号龟山，为程门高弟。隆兴间，知浏阳县事，有善政。岁饥发廪赈民，部使以催科不给抵罪。民思不忘，建祠肖像以祀之。”又言：“杨时知浏阳有惠政，民思之。张舜民在谏垣，荐之，得荆州教授。时安于州县，未尝求闻达而德望日重。四方之上，不远千里从之游。”

杨时是在风华正茂时来到浏阳的，他的这段经历很厚重也很有戏剧性：41岁被任命为浏阳知县，但没有上任，而是再拜原来老师程颢的弟弟程颐为师学习理学，42岁来浏阳上任，43岁在浏阳知县任上，浏阳遇大灾，他上书请求减免浏阳差役雇钱，44岁在浏阳修建飞鹦亭、归鸿阁，45岁因开官仓赈灾得罪当时的漕使胡师文，以他不催旧欠为名弹劾了他，但他在寓居浏阳这段时间，还上疏请求乞米赈济浏阳灾民。杨时安于做地方官，不唯上，只唯民，他在浏阳任上，曾经散发钱财给老百姓，让大家好好耕种，宋代风气好歌舞宴饮，而他却禁止歌舞和饮酒娱乐，但是这项政令未及实行便因他遭弹劾调走而夭折了。

身在官场，权在手上，古代官吏们往往容易在道德的浑水里同流合污，而杨时为官能做到与众不同：有一肚子理学墨水，有一腔民本情怀，有一番主政业绩，有一身清廉正气，深得百姓爱戴，所以杨时能位列浏阳名宦第一人，后人建有名宦祠纪念他及后来的贤良官吏。

除了在浏阳为官负有贤名，杨时还与湖湘文化有很深的渊源。在湖南，湖湘文化起源于湖湘学派，源头无疑是湖南道州人周敦颐，创始人便是曾在湖南为官的胡安国和长期寓居湖南学习讲学的胡安国次子胡宏。胡氏父子特别推崇服膺二程理学，宣和七年（1125），20岁的胡宏进入太学，更是师从二程四大弟子之一的杨时学习，成为杨时的嫡传弟子、二程的再传弟子。金兵南侵时，他和父兄一起迁居潭州，创办碧泉等书院，并曾到宁乡灵峰书院（今宁乡县朱良桥乡灵峰山）讲学。胡安国逝世后，胡宏独立治学，他以振兴道学、淳化风俗为已任，写成了《知言》《皇王大纪》等著作。《知言》是胡宏的代表作，内容包括哲学、政治、伦理、教育等各个方面，被湖湘学派奉为经典，是传授师说的重要范本。胡宏在宁乡和衡阳讲学时，湖湘志学求道的青年学子纷纷追随胡宏研经读史。至胡宏时代，在思想体系和人才群体上已完全奠定了湖湘学派作为南宋一个重要理学派别的基础。因此后人评价胡宏“卒开湖湘之学统”。在他教授的学生中，长沙的吴猎，四川绵竹的张栻，湘潭的彪居正、吴翌、赵师孟，醴陵的杨大异等后来都是著名学者和湖湘学派的砥柱人物。著名的南宋学者张栻作为杨时的再传弟子，曾来杨时创办的文靖书院讲过学。

总之，湖南道州思想家周敦颐首开理学大义，他的思想直接影响二程，在周敦颐与二程以及二程嫡传弟子杨时的思想影响下，胡安国、胡宏父子在衡阳、湘潭初步建构了地方学术流派——湖湘学派。张栻是胡门杰出弟子，他在长沙的学术活动和实践，最终完成了湖湘学派的建立，胡门弟子吴猎、杨大异则是湖湘学派理论的主要践履者，他们的实践，张扬了湖湘文化的社会意义。在这个过程中，杨时在其中发挥了重要传承作用。

浏阳文庙名宦祠旧址

元代浏阳文靖书院“龟山先生”铭文铜炉

第六节

浏阳谁谓小，桑柘万家春

——唐宋之际浏阳的农业和实业发展

隋唐时期，中国由分裂重新走向统一，国力不断强盛，水利、交通各项设施日渐完善，生产力水平进一步提高，为各业发展提供了便利。隋代初年曾推行发展农业生产的措施，国家粮仓丰实，社会经济一度繁荣。唐代统治者则推行轻徭薄赋、劝课农桑的政策，前中期曾严格执行租庸调制和均田制，使农民得到了土地和生产时间，有利于农业生产的发展。而且这一时期，长沙地区农业生产水平继续提高，粮食产量达到前所未有的水平。安史之乱后，南方成为唐王朝主要的赋税来源基地，所谓“赋出天下而江南居什九”。处于湘浏河谷、包括浏阳在内的长沙地区的粮食、蚕桑、苎麻、茶叶等农副产业在此时期都得到迅速发展。

宋元时期更是包括浏阳在内的长沙地区经济发展的关键时期。北宋长沙政局稳定，南宋时也相对安定，由于宋代统治者实行与民休息政策，并有赖于一些贤臣良吏的治理，北方人民大量南来，长沙地区经济水平赶上并超过了中原地区。至元代前中期，长沙吏治较为清明，经济一度有新的发展。宋元时代长沙地区的农业、手工业、商业和交通运输业都有较大发展。由于这一时期全国政治、经济、文化重心南移，地处江南的长沙地区农业生产得到空前的发展。此时，大量荒闲土地得到垦殖，水利事业继续发展；大米、小麦等粮食作物产量增加；棉花、茶叶、苎麻、柑橘、养蚕等得到发展。宋元时代浏阳等长沙地区各县（州）种植的经济作物主要有茶叶、棉花、柑橘、苎麻、花卉，其他副业有捕鱼，采集葛根、猫头笋等。宋代，潭州长沙郡是全国茶叶生产的重要地区之一，其中安化、浏阳、攸县、茶陵、湘潭之茶都名闻全国。宋代长沙茶叶产量在全国占相当大的比重，据《文献通考·征榷五》考证，北宋前期，江南各路每岁市茶额为1020万余斤，居全国之首，其中荆湖南北路247万余斤，居全国第二位。据李心传《建炎以来朝野杂记》甲集载：南宋绍兴三十二年（1162），江南茶叶年产量1590万余斤，其中荆湖南路113万余斤，荆湖北路90万余斤，约占全国总产量的12.8%。《宋会要辑稿·食货》载有南宋绍兴三十二年诸州、路、军、县产茶数，其中潭州善化、长沙、浏阳、湘阴、醴陵、衡山、宁乡、益阳、湘乡、攸县103.4万斤。潭州产茶占荆湖二路的总量的60%，已成为湖南最大的产茶基地。

苎麻是宋代最重要的纺织纤维之一。《元丰九域志》所载各州土贡中，有不少就是贡麻织品如葛布、白丝、溪布等。考古发掘宋代湖南墓葬中出土的衣物也有大量麻织品，如1973年在衡山何家皂北宋晚期墓葬中，出土大小衣物及服饰残片200余件（块），大多是麻织品，其次为丝织品。至元代，潭州浏阳县以生产轻薄的苎麻纺织品而闻名，浏阳市普迹镇有“夏布街”之称。而清康熙《湖南通志》载：史上浏阳、湘乡、攸县、茶陵皆出夏布，世称浏产最佳。

植桑养蚕，在潭州是传统经济的重要组成部分，至宋代，以浏阳等地为代表的潭州桑蚕业比唐代大有发展。南宋著名江湖派诗人戴复古曾写过两首《送王仲彝制机宰浏阳》，诗里就描绘了浏阳万家植桑养蚕的场景：

一身供世用，六月赴官忙。
当此炎天热，知君心地凉。
吏能师卓鲁，县界接潇湘。
试饮浏阳水，清清滋味长。

浏阳谁谓小，桑柘万家春。
远宦逢知己，推心在惠民。
速宜还县债，闻早缀朝绅。
说与诸公道，方岩后有人。[1]

[1]戴复古：《石屏书集》卷三，《四库全书》版

戴复古（1167—约1248），字式之，常居南塘石屏山，故自号石屏、石屏樵隐，天台黄岩（今属浙江台州）人，南宋著名江湖诗派诗人。曾从陆游学诗，作品受晚唐诗风影响，兼具江西诗派风格。部分作品抒发爱国思想，反映人民疾苦，具有现实意义。这两首诗中除了对朋友上任寄予期望，也对浏阳的农业生产景象进行了形象描绘，说明在南宋时期，浏阳种桑养蚕已是一道普遍的乡村景象，达到相当规模，故清康熙《湖南通志》特别记载“浏阳出绢”。总之，宋代潭州北起浏阳，南至衡山诸县，均植桑养蚕，丝织业十分发达。

在农业和经济作物种植之外，矿冶业是宋代湖南一个突出的手工业部门，当时，金、银、铜、铁、锡、铅、丹砂、水银等矿的开采和冶炼均已

北盛出土宋代白釉瓷碗

北盛出土宋代印花高足碗

形成较大的规模。其开采方式，主要由官府在各地置坑场，派官吏管理，实行官府垄断。也有一些坑场，采取官募私采、官私利润分成的办法。

潭州矿冶主要是银、铜、金的冶炼。最著名的冶银地便是在浏阳。据《宋会要辑稿·食货·坑冶上》记载，浏阳永兴场始设于熙宁七年（1074），初产银 1.673 万两，此后，生产规模不断扩大，产量也不断提高，4 年后产银达到 2.8757 万两，占全国总产银量的 14%。宋代在中国历史上处于经济文化科技的巅峰，虽然军力积弱，但是经济实力强于强汉盛唐，宋朝的 GDP 达到惊人的 24 亿两白银，北宋财政收入每年达到 1 亿贯，两宋财政收入的峰值达到 1.6 亿贯，是清朝所谓康乾盛世的 3 倍。白银和铜钱是当时主要的流通货币，而当时浏阳的永兴场提供了全国流通用银年产量的 14%，可见浏阳当时在采矿冶炼等实业发展上的重要地位。铜冶也是潭州的重要矿冶业。宋神宗元丰元年（1078），潭州收铜 107.825 万斤，居湖南之冠。潭州冶炼技术在宋时已有相当进步。长沙炼铜已推广先进的胆水浸铜法，宋人称此法为“以药化铜”。宋哲宗在位（1086—1100）末年，全国有胆水浸铜工场 11 处，其中之一便是潭州地区浏阳的永兴场。据《宋会要辑稿·食货·坑冶上》记载，南宋绍兴、乾道（1131—1173）年间，潭州永兴场产胆铜 64 万斤，每年输胆铜 3415 斤赴饶州永平监铸钱。

元代的采矿业和冶炼业主要由官办，但也常听民开采。具体经营方式分两类，一是由政府派官员设官场，组织匠人开采冶炼，二是承包给私人、募人采冶，由政府抽分。元代湖南的矿冶业在全国占有较大比重，其中长沙地区主要产金、银、铜、铁、锡、朱砂、水银、矾等，主要产区便是在浏阳，并在全国具有特别重要的地位。开采主要采用私人承包的方式，如浏阳永兴矾场煎烹，每十斤官抽其二。可见当年浏阳矿冶等实业，无论是开采产量还是组织形式，已经非常成熟先进，并处于重要的地位。

“大德二年浏阳州造”铭文铜权

第七节

翰林著春秋，经学存后人

——宋元时期浏阳人对史学和经学及教育的独特贡献

宋元时期我国经济社会发展达到相当高度，文化异彩纷呈，积累丰厚。在哲学方面，宋元占统治地位的哲学思想是理学，它是以儒家哲学为骨干，杂糅了佛学和道学的思想而形成的与专制主义中央集权统治相适应的新儒学。其代表人物是周敦颐、邵雍、程颢、程颐、朱熹、陆九渊等人。曾知浏阳达5年之久的杨时为理学在湖南的发展和湖湘学派的萌芽做出过重大贡献。在史学方面，宋元时代政府非常重视史书编纂，私人修史也颇为盛行。《资治通鉴》《通鉴纪事本末》《续资治通鉴长编》《通志》《文献通考》《新五代史》《宋史》《太平御览》《册府元龟》等史学著作和大型类书相继完成。这一时期，浏阳人汤璹、欧阳玄等为中国史学的丰富发展做出过独特贡献。同时由于宋元时期经济社会的繁荣，文化教育事业也更加普及，官学、私学相当发达。由于一些浏阳士子的奉献，浏阳的文化教育也得到较大发展，在历史上留下了厚重的笔墨。

宋元时期我国史学发展达到了相当的繁荣阶段。此时，史学著作丰富，史学大师辈出，史学体裁完备。司马光的编年体通史《资治通鉴》，郑樵的纪传体通史《通志》，李焘的编年体史书《续资治通鉴长编》，李心传的编年体史书《建炎以来系年要录》，马端临的典志体史书《文献通考》以及胡三省的《资治通鉴音注》和欧阳玄编纂的《宋史》《辽史》《金史》等伟大的史学名著都足以彪炳千秋，遗惠后人。在这个方面，在长沙地区，浏阳人汤璹、欧阳玄堪称楷模。

在宋代，汤璹著《建炎德安守御录》二卷和《春秋要论》等，具有独特的史学价值。汤璹，字君宝，浏阳人，生卒年不详，淳熙十四年（1187）进士，与王容、易祓号为“长沙三俊”。淳熙中曾任德安府学教授，在职期间，追访前德安知府、抗金名将陈规守德安城事迹，撰成《建炎德安守御录》，于绍熙四年（1193）向朝廷表上其书。该书在南宋宁宗（1195—1224）时与守将陈规所撰写的《守城机要》《〈靖康朝野佥言〉后序》合并为一书，称为《守城录》，现存清《四库全书》本、乾隆四十年（1775）抄本和嘉庆、道光年间刻本。该书在火器已用于作战、攻城手段有新发展的历史条件下，集中阐述了守城作战指导与城防体制改革的思想，而且理论与实践相结合，既丰富了中国古代的守城理论，又有很高的史料价值。书中记载陈规于绍兴二年（1132）研制了一种长竹竿火枪，据考证这是世界上最早的管形火器，在科技史上具有重要意义。

有元一代最著名的史学家当推浏阳人欧阳玄。欧阳玄（1283—1357），字原功，浏阳人，延祐二年（1315）进士，授岳州路平江州同知，历官国子博士、翰林院待制兼国史院编修官、翰林直学士兼国子祭酒、翰林学士承旨、宋辽金三史总裁官，特授湖广行省右丞致仕。著有《圭斋文集》16卷，《元诗选》录其古近体诗42首，《沅湘耆旧集前编》收其古体诗20首、近体诗86首、词4首，《全金元词》辑入其《渔家傲》12首。

据《元史·欧阳玄传》载，至正初，诏修三史，以玄为总裁官，“发凡举例，俾论撰者有所据依。史官中有悻悻露才、议论不公者，玄不以口舌争，俟其呈稿，援笔窜定之，统系自正。至于论、赞、表、奏，皆玄属笔。”《元史》本传又称：“元统元年，改佥太常礼仪院事，拜翰林直学士，编修四朝实录。”所谓“四朝实录”，即《泰定帝实录》《明宗实录》《文宗实录》《宁宗实录》。欧阳玄还奉诏修纂《经世大典》，共880卷。《圭斋集》所载《进〈经世大典表〉》云：“仿《周礼》之六官，作皇朝之《大典》。臣某叨承旨谕，俾综纂修。”此外，欧阳玄还撰修《太平经国》212卷、《至正条格》23卷、《目录》12卷以及《纂修通议》《唐书纂要》等。欧阳玄还致力于地志方面的著述，《元史·河渠志》录有其《至正河防记》，并记载：至正十一年（1351），以贾鲁为总治河防使，治理黄河。功成，“特命翰林学士承旨欧阳玄制《河平碑》文，以旌劳绩。玄既为河平之碑，又自以为司马迁、班固记河渠沟洫，仅载治水之道，不言其方，使后世任斯事者无所考则，乃从鲁访问方略，及询过客，质吏牍，作《至正河防记》”。

元代浏阳史学大家除欧阳玄以外，还有周镗，周氏撰著有《先朝功臣列传》等，也为传世佳作。同一时期，浏阳的经学发展也卓有成就。著名的经学大家有欧阳龙生和汤弥昌等人。欧阳龙生，元代著名学者欧阳玄之父。欧阳龙生年少时跟从醴陵田氏研读《春秋》三传，在国学考试中以《春秋》中第二名。南宋末年，他隐居故乡浏阳白云庄17年，撰有《云庄讲义》，于《春秋》经义亦多所发明。据张起岩为其撰写的神道碑载，欧阳龙生还撰有《经学理窟》等著作。汤弥昌，字师言。弥昌父晖老，为浏阳史学家汤璹曾孙，晖老中宋咸淳进士，精通经学。弥昌承晖老家学，长于《周礼》学，元初，推举教官，兴复儒学，汤弥昌担任鄱江、清献两书院山长，建康路学教授。汤弥昌平生笃志义理之学，著《周礼解义》，此书录入《千顷堂书目》。

宋元时期，浏阳的文教事业发展也卓有建树。当时主要的教育机构是官学和书院。据《明一统志·长沙府》载，宋代长沙地区官学除了潭州州学以外，还有善化县学、湘潭县学、湘阴县学、宁乡县学、浏阳县学、醴陵县学、益阳县学、湘乡县学、攸县县学、安化县学、茶陵县学等十一个县学。潭州所辖十二县除衡山县外均建有县学。可见，宋代长沙地区的官学教学是非常发达的，而浏阳县学更是其中卓有成就者之一。

书院起源于唐代，其时有官立书院（官方藏书、校书、储才之处）和私立书院（私人读书、讲学之所）的区别。宋元时代潭州的书院在全国都堪称发达，最著名的有：岳麓书院、城南书院、湘西书院、灵峰书院、文靖书院、乔江书院、濂溪书院等。

元代"文靖书院"铭文青铜簠

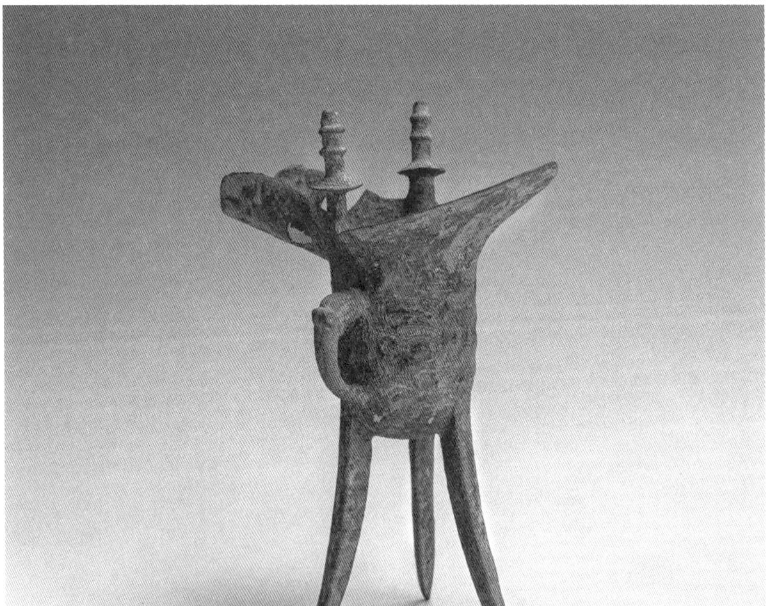

元代"文靖书院"铭文青铜爵

文靖书院是浏阳最早的官办书院，在浏阳县县治南，为邑民纪念理学家杨时以其谥号所创建。绍圣元年（1094），杨时任浏阳县令，积极兴办教育事业，在县城南与邑中子弟讲授理学。杨时卒后，当地民众以其谥号为名创办文靖书院。清《湖广通志》载：“南宋杨时宰浏，与邑士讲学于城南，后人因建书院，以其谥名之。”南宋末年，书院衰落。元至元中，使者李淇至浏阳，发现书院已经沦废，于是邀请当地儒学大师欧阳玄出任书院山长。经欧阳玄一年多的努力，在猿山之阳，修建书院礼殿、讲堂、门庑、斋舍及龟山先生祠，一时“学者云集”。不久，浏阳升为中州，按元代制度，中州以上设儒学教授，欧阳玄升为文靖书院教授，“诸生皆勤勉自力，科场既辟，进士辈出”。

官学开办的同时，一些士子出资开办了私学，元代末期，浏阳人梁子真在县城内南台岭设立义学，后在康熙年间改为南台书院。在元代长沙的进士中，著名的就有浏阳培养出来的欧阳玄、周镗等人，作为浏阳人，他们以在文史等方面的极高造诣，为国家后世留下了无比宝贵的精神财富。宋元明以后，浏阳之所以能够人才辈出，与这些官学书院对人才的培养是分不开的，官学书院更是为偏远之地浏阳的开智教化做出了贡献。

第四章

近代前夜

——1840年之前的明清时期的浏阳

1840年之前的明清时期是古代中国社会的一个重要转型时期，已经处于近代的前夜，一方面传统的封建政治体制得到进一步发展，达到登峰造极的地步，另一方面传统自然经济生产方式内部又产生了资本主义的萌芽。但是“资本主义在古代中国的农耕大树下，没有养分和阳光，最多只能长成萌芽，永远是萌芽”，这样的前夜，注定是帝国的繁盛与危机交织的前夜。明清之际浏阳八修地方志，由于方志的出现，地处湘东一隅的浏阳大地面目更加清晰，已能从先人留下的典籍中一窥全貌。

第一节

明清那些事

——明清时期浏阳的建制沿革

作为中国封建社会最后的两个王朝，明清之间，跨越500年的时光，其间经历了朝代更迭的风云变幻，更有着时代前进的岁月沧桑。元代一度升为州的浏阳在洪武二年复降为县以后，两朝均隶属长沙府，浏阳在建制上再无大的变化。

1. 明初浏阳降州为县及其治所变迁

有明一代，政治上实行高度的中央集权，明太祖朱元璋废除元代中央行政机构中书省及其长官宰相，分相权于六部长官，另选文人担任华盖殿、武英殿、文渊阁、东阁等殿阁大学士，充当皇帝顾问，协助皇帝处理日常工作。明洪武十三年（1380），朱元璋分天下为十三个承宣布政使司，置左右布政使司各一人，主管一省民政和财政，另设提刑按察使司管刑法，都指挥使司管军队，合称“三司”，互不统属，分别归中央有关部门管辖。布政使司下又设府（直隶州）、县（州）二级地方政权，长官称知府（知州）、知县（知州）。改节制诸军的大都督府为中、左、右、前、后五军都督府，分领在京各卫所和在外各都司。但都督府只管兵籍和军政，不能直接统帅军队。军官的选授权在兵部，而军队的调遣权和最高指挥权则在皇帝。

明洪武九年（1376），朱元璋诏令改元代行省为承宣布政使司。宣德三年（1428）弃安南后，全国共计两京、十三使司，包括京师（北直隶）、陕西、山西、山东、河南（以上为北五省）、南京（南直隶）、浙江、江西、湖广、四川（以上为中五省）、广东、福建、广西、贵州、云南（以上为南五省）。湖南属湖广使司（治武昌）治下，湖广使司湖南境内设有7府，分别是岳州府（治巴陵）、长沙府（元天临路改，治长沙）、衡州府（治衡阳）、永州府（治零陵）、宝庆府（治邵阳）、辰州府（治沅陵）。明代的长沙一方面是封土而不治民的长沙王国所在地，另一方面设立长沙府，上属湖广承宣布政使司（习惯上仍称为湖广行省），下辖十二个州县，长沙府为湖南境内7府之一。洪武元年（1368），立潭州卫，邱广任守御指挥使；次年，改天临路为潭州府，以滕辑任潭州府知府。洪武五年，潭州府更名为长沙府，府治长沙，辖11县1州，其中包括浏阳县。

嘉靖《浏阳县志·沿革》载：浏阳“元末元贞乙未年，以户口增多升为中州。至正间为伪汉将欧祥（即欧普祥）所据。甲辰，我皇将兵伐汉，祥死，邑人黄宁等保障乡间，率众于总兵徐达处归附。洪武元年仍为州，二年己酉改为县，属长沙府……县治居长沙府东百四十里，所辖四乡，洪武初编户七十五里三坊。（嘉靖）并为四十八里二坊。”按明代制，110户为一里，同里一级，城区叫坊，郊区叫厢。同治《浏阳县志》载：“元至元间，立行省，改郡为潭州路，县隶于路，属湖广行省湖南道宣慰司。元贞元年，以浏阳户口增万馀，升中州。天历二年，改潭州为天临路，州仍隶之。明改路为潭州府。洪武二年，改浏阳州为县。五年，更潭州为长沙府，属湖广布政使司，县仍隶于府。”又载：“县署旧在居仁镇。明洪武二年，知州史希贤迁今地。”

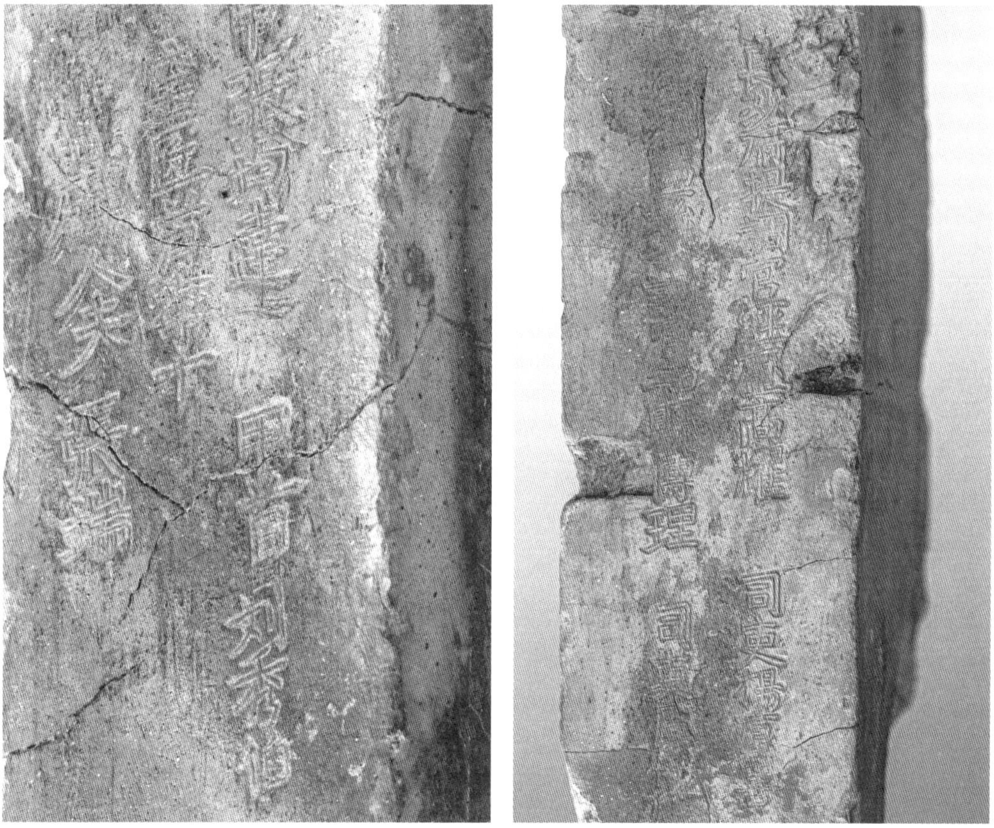

枨冲张武墓出土浏阳县烧造洪武年间城墙砖

根据这些记载，可以初步厘清明初浏阳建制变迁的一个脉络，即元初因浏阳故城为战乱所废，只得将治所迁至浏东的居仁镇，明朝建立后，因为旧治偏于东隅不便，于是知州史希贤又将治所迁于今治，即原来的老县城。但因为老城为战火废坏，于是前后经历多位知州知县组织建设，才有了今治的样子。需要说明的是，元末浏阳曾经为一些反元起义将领如欧普祥等短暂占据。元朝末年，由于以蒙古贵族为主的统治集团迅速腐化及其对广大人民的残酷剥削和压迫，国内民族矛盾和阶级矛盾迅速激化。元朝自成宗时期（1294—1307）起就进入了它的衰落时期，到顺帝（1333—1368）时期，全国各地均爆发了农民大起义，其中以红巾军规模最大。素有反抗封建统治传统的湖湘地区也掀起了一场反元大风暴，当时称为天临路的长沙地区也成为红巾军的天下。如陈友才据潭州，刘贵青据益阳，欧普祥据浏阳、攸县、茶陵，易华据湘乡自保。在长沙各地，以浏阳人民的反元斗争尤称激烈，以至于人们竟将南方红巾军的发起人彭莹玉当作浏阳人，说“浏阳有彭和尚，能为偈颂”。[1]所以直至明初，明大将徐达才率部平定浏阳。

[1]叶子奇：《草木子》卷三《克谨篇》

2. 清代浏阳的政区沿革

清代地方政府分为省、道、府（直隶州、直隶厅）和县（散州、散厅）四级，并且将总督和巡抚改为常设。在一省或数省设一督，管理军民政事，而以主持军务为主。每省设巡抚一员，同时仍设布政、按察两司（简称藩司和臬司），巡抚掌一省军政与民政，成为省级最高行政长官，布政、按察变成属员，主要是统辖道、府。清初，湖南隶属于湖广总督和湖广布政使司，总督、布政使均驻武昌。康熙三年（1664），湖南省成为独立的省级行政区划，从这一年开始，原驻沅陵的偏沅巡抚、驻武昌的湖广右布政司均移驻长沙，长沙确定成为省级都会。雍正二年（1724），清廷又下诏改偏沅巡抚为湖南巡抚。至此，湖南省行政区域作为独立的地方一级政权组织正式确立。

湖南巡抚辖长宝道、岳常澧道、辰沅永靖道、衡永郴桂道等4道；长沙、宝庆、岳州、常德、辰州、沅州、永顺、衡州、永州等9府；澧州、靖州、郴州、桂阳等4个直隶州。长沙府上属长宝道（道治长沙，辖长沙、宝庆二府），下辖11县：长沙、善化、湘潭、湘阴、湘乡、宁乡、益阳、浏阳、安化、醴陵、攸县；1散州：茶陵。辖县范围与明朝完全相同。长沙府各属县的一些重要商业市镇，清代还设立巡检司。著名的有乾隆二十六年，在长沙县设桥头巡检司；雍正十年，在浏阳县设梅子园巡检司等。

据同治《浏阳县志》载：浏阳“县境分四乡，旧编都四十有四。《庚申志》云：‘洪武初旧志：县原七乡，编七十五里、三坊。粮堕民困，嘉靖间《志》已并为四十八里、二坊，辖四乡。’按此，则乡分已久。今都甲则康熙间编定云。东乡十一都五甲，自一都至十二都五甲。见《庚申志》，下同。南乡五都五甲，自十二都下五甲至十七都。西乡九都四甲，自十八都至二十七都四甲。北乡十七都六甲，自二十七都下六甲至四十四都。外坊厢都六。后增编者凡十三。康熙三十年增七都，雍正十一年增六都。地广衍有差，分地多不相联，广狭亦殊。土人率以乡分，只呼村市地名，多不知都甲，惟征收粮册例载之。其里甲均莫详也。”

始于宋代的都、里、甲、坊都是当时的县域基层行政区划名称，虽然时过境迁，今天感觉陌生和不容易理解，但是作为明清时期浏阳的基层区域和户籍管理模式，起到了长期的规范管理作用。

第二节

“洪武堕粮”
——明代浏阳繁重的赋税和徭役

1.“血洗浏阳”：以讹传讹的民间传说

作为长沙府的属县，历史上浏阳和长沙一样，长期战乱频仍，从南宋末年开始，直至明初，浏阳更是饱受兵灾人祸，百姓深受其害。后人在回忆这些往事时，往往以讹传讹，不断演绎出很多无正史记载的传说。这些传说虽然没有正史记载，但是往往从另一个角度反映了封建统治者的权力任性。浏阳地区便广为流传着一个朱元璋“血洗浏阳”的传说。

这个传说有几个不同版本，大意是这样的：一说是公元1363年，朱元璋和陈友谅在江西决战，陈友谅战败，其子陈理偷偷在武昌驻扎练兵，准备反击。无奈朱元璋穷追猛打，陈理硬着头皮应战。打仗需大量粮草，陈理手下就去湘乡一带征收粮食。可是湘乡经历战乱和天灾，当地人自己都吃不饱，哪来的粮食缴税呢？陈理手下一个叫易华的人（伪汉参政）从浏阳抢掠了四万担粮食，才化解了这次危机。陈理后来虽然败了，但凭借粮草撑了十个多月。而且在朱陈相争的过程中，浏阳人支持陈友谅，朱元璋夺得天下后，为了报复支持过陈友谅的湖南浏阳百姓，下令血洗浏阳。不论男女老少，都当成叛军杀了。

另有一说是：朱元璋登基时，各路人马纷纷进京朝拜天子。他们走到长沙浏阳一带时，舟车劳顿，朱元璋很体恤下属，传口谕“在浏阳歇息三天，然后听旨进京”，结果因为口音太重，被传成了“血洗三天”。这群官兵虽然很纳闷，却又不敢抗旨，于是奉命在浏阳地区屠杀了三天。还有说法是，刘伯温夜观天象，算出湖南浏阳在不久的将来会出现真命天子。朱元璋一听冷汗直冒，于是下令屠杀浏阳人，以绝后患。

当然从正史记载来看，朱元璋“血洗浏阳”纯属子虚乌有。但口口相传，后世民间很多人往往不辨真假，变成了以讹传讹的传说。

2.“洪武堕粮”：明代皇权对浏阳的意气用事

前面提到，所谓朱元璋“血洗浏阳”一事，所有的正史都没有记载，属于以讹传讹，但是关于朱元璋因为江西和湖南在朱元璋和陈友谅之争中支持陈友谅而迁怒两地百姓，并加重赋税却是确有其事，史书上称为“洪武堕粮”。

同治《浏阳县志》卷五载：“前明赋重，大为浏患。”又卷六《豁粮纪略》载：“浏田赋，往不可考，旧志传宋元田地塘三千九百七十余顷，亩以一斗七合科，凡秋米四万一千担有奇。明初，伪汉参政易华（湘乡人）掠浏阳米四万担输陈友谅，明祖怒，既定天下，倍科浏赋至八万余石。每亩以二斗一升四合科。永乐、嘉靖间，丈增顷亩至四千馀顷。万历十年，且骤增为九千二百馀顷，定以九升二合七勺起科。当时莫敢言赋重。”有明一代，官民均深受其害，“逋负累累，官吏受谪罚，而民益困”，所以至崇祯初年，浏阳知县冯祖望向上司奏告浏阳老百姓“八难七苦”，最终巡抚余应桂奏免绝粮五千九百余石。

据明万历《湖广总志》卷二十一《贡赋一》记载，洪武初，湖广全省夏税 12.8766 万石、秋粮 232.36 万石，弘治十五年（1502），夏税 12.14 万石、秋粮 203.6102 万石。清光绪《湖南通志》记载，长沙府万历年间科粮 58.70077 万石，其中长沙县 3.90654 万石，善化县 1.96042 万石，湘阴县 3.54266 万石，浏阳县 6.00659 万石，醴陵县 3.38922 万石，湘潭县 3.23501 万石，宁乡县 3.24417 万石，益阳县 2.92177 万石，湘乡县 5.92899 万石，攸县 4.55689 万石，安化县 1.99323 万石，茶陵州 4.01159 万石。长沙府所属各县中，可见浏阳赋税最重。此外，长沙府每年还征条银 264259.26 两、九厘饷银 91414.8 两。因为朱元璋在对陈友谅的战争中，湖南地方实力派曾给予陈友谅以粮食等物资援助。朱元璋统一全国后，对湖南实行惩罚性的赋税政策，较之全国其他省府，对如浏阳这样的县甚至实行倍赋，剥削十分沉重。明中叶以后，随着明王朝统治的日趋腐败，浏阳同全国一样，受到的盘剥越来越重。英宗时普遍改“本色”为“折色”，使农民交纳的折色银成倍增加。继而实行“加派”“提编”“均徭”等，于正税之外，巧立名目，横征暴敛，对人民进行更为残酷的剥削。正统间，户部尚书李汝华以征倭为名，全国民田每亩例加三厘五毫，第二年再加三厘五毫，次年又以兵部和工部之请再加田赋二厘，通计加赋九厘，此即正赋之外的加赋，称为“九厘银”。

崇祯三年，天下大乱，在九厘银外，又亩加三厘。七年后，明政府又推行均输法，按粮输饷，每亩征收六石，每石折银八钱，不久，又亩加征一分四厘。两年后，杨嗣昌督师，又亩加练饷银一分。

浏阳和湘乡作为长沙府的属县，又是朱元璋心中曾经迁怒的叛逆地区，税赋和徭役自然更是雪上加霜了。长沙府所属浏阳、湘乡两县是明代堕粮最重的地方，清康熙年间湖广总督张长庚向朝廷的上疏中痛陈浏阳、湘乡之苦："窃照湘、浏二县凋敝残邑，实非沃土，而硗确之区科粮偏重者，盖缘明初土逆易华助粮陈友谅，致明祖索粮倍征，一时仇怨加增，乃遂为二县定额。考湘乡在宋元实粮三万三千三百五十九石一斗零，明初堕至十万八千七十三石九斗零；浏阳在宋元实粮四万二千四百七十九石零，明初堕至八万一千一百三十石零，此则旧明志书之数也。究其流害，沿至嘉靖、万历年间，奉例丈量，湘乡在宋元粮止从稻地派则，后明堕派粮重，悉以荒山涸池一概载入册中；浏阳粮浮田少，后清丈时将田、地、塘分为三则，而又不合浮数，不得不照粮计亩，因而加添弓口。在前之志书，既不敢载明初仇怨之实事，后之清丈，只循嘉、万奉行之空文，此则明季永无求减之故也。故自元至明，田粮额增一倍有余，人民苦累三百余载。"明代皇权的任性从浏阳、湘乡的遭遇可见一斑。

朱元璋本来是一个有志向的政治家，又出身底层，比较关心民间疾苦，但是作为大权在握的封建帝王过于弄权任性，使明初湖南浏阳和湘乡两县百姓深受其害，不堪重负的百姓只能纷纷选择逃亡。据记载，洪武初浏阳有户 75 里 3 坊近万户，至嘉靖年间重新登记，只剩下 48 里 2 坊五千多户。正如后志所载，"洪武堕粮"之苦，贻害浏阳百姓达 370 多年。如此沉重的田赋加收，严重阻碍了浏阳地区经济社会的发展，使广大百姓深处灾难之中。

第三节

物阜人丰

——明清浏阳人口的变化与早期资本主义萌芽

明朝在传统的封建统治之下，经济社会尤其是农业、手工业和商业得到一定的发展，已经开始出现资本主义的萌芽，但是由于明王朝对湖南、江西地区，尤其是包括浏阳在内的长沙地区征收过重的赋税，浏阳地区的百姓不堪重负纷纷逃亡，以致浏阳人口在元代通过移民达到万户以上后，又从明初的8000多户减少至嘉靖年间的5000多户，直至清代以后通过休养生息，人口才开始大规模的增加，同时出现了经济社会的较快发展。

1. 明清浏阳人口的变化概略

据明嘉靖《长沙府志》载，洪武二十四年（1391）长沙府的人口为50.9万人。但是，据隆庆六年（1572）的统计，全府有户6.6万，口42.71万。据此，长沙府经过180年的发展，人口反而减少8万。即使隆庆年间的数据可能因为民间逃税有所隐瞒，但明代长沙府总人数最多也就是在50万人左右，与宋代基本持平。

浏阳亦如此，同治《浏阳县志》载：“明洪武初，相传浏阳凡七万一千九百五十馀丁。时天下编赋役黄册，以百有十户为一里，浏阳编户凡七十一里。其后赋重民逃，嘉靖中仅五十坊里矣。国朝康熙中，增至六十里。《戊寅志》：‘康熙三十五年，增七里。六十年，增三里。’休养既久，生齿日繁，视明初不数倍。而赋役科征丁额凡四千九百八十有一，原额九千一百九十五丁，除开除人丁四千二百十四丁，得如今额。”即至康熙三十五年（1696）后人口开始不断增长，而征收定额减少一半，并且在康熙五十二年，康熙帝下诏以康熙五十年丁册为常额，永不加赋。这些怜民措施的施行，使清代浏阳人口得到快速增长。同治《浏阳县志》又载：“嘉庆十九年，诏有司秋成历村庄查保甲，具户口册，以岁终上其数。浏阳亦岁有册。前志称，嘉庆二十二年册载浏阳土著、寄籍烟民凡六万二千三百三十有四户，大小男妇凡二十六万七千七百九十有五丁口，僧道凡七百三十有六众，而保正、甲长、牌长凡六千八百六十六名，不在此数。自是而后，岁有加。”也就是说，嘉庆二十二年（1817），浏阳有户数62334户，人口已达到267795人；至同治七年（1868）造册登记，达到91436户，人口312651人。由此看出，整个明朝人口不增反而减少，但清代康熙以后人口又快速增长。

2. 明清时期浏阳的资本主义萌芽

从明朝开始，中国有了资本主义的萌芽，商品经济得到发展。地处湘浏河谷的浏阳水运便利，物产丰腴，进入清代以后，浏阳人口快速增长，各业繁荣，工业和贸易迅速兴起，实现了经济社会的较快发展。

从宋代开始，浏阳的种养殖业和矿产开采等实业发展就已经达到一定规模，虽然历经元明战乱，但是如夏布、土纸等特产和银铜铁等矿产开采依旧达到相当规模。进入清代尤其是长沙开埠后，更是空前繁荣。据清吴其濬《植物名实图考》卷十载：至清同治年间“湖南浏阳、湘乡、攸县、茶陵、醴陵皆麻乡，往时道州、武陵、郴州皆贡练苎，今则浏阳上供亦载……夏有苎市，捆载以售”。各地生产的夏布又以浏阳最负盛名，同治《浏阳县志》载：“苎布，一名夏布。按《通志》：浏阳、湘乡、攸县、茶陵皆出苎布，世称浏阳最佳。”清末谭嗣同在《浏阳麻利述》著作中称：“自昔吾浏阳以麻布战天下之商务，未尝遇敌，车牛远贾，南北奔凑，岁售银百十万。”

浏阳花炮更是浏阳的特色产品，历史悠久，远负盛名，驰誉中外。1935年出版的《中国实业志》记载：“湘有爆竹造制，始于唐代，发达于宋末及清乾隆年间，湘东之浏阳为花炮制造之中心地。”17世纪后期，浏阳县已大量生产鞭炮。康熙十九年（1680）刊刻的《浏阳县志》载：“卷纸作筒，实以硝磺，名为爆竹，馈遗者号曰春雷。往岁小除后，声响不绝，且有彼此竟爆以鸣豪举者。”雍正（1723—1735）年间，浏阳烟花鞭炮已成贡品，宫廷放的“架子焰火”即来自浏阳。咸同年间，浏阳鞭炮庄号广设于省内各重要口岸，粤、鲁、晋各省帮客纷纷来湘贩运。当时浏阳有“十家九爆”之说，东、南、西3乡从事鞭炮制造者逾10万人，城关镇亦有作坊300余家，工人2500多人。

浏阳贡纸也是浏阳有名的特产。浏阳在明代即已生产竹纸，这种纸以嫩竹纤维手工操作制成，纸张细薄、滑腻、吸水性强、书写流畅、永不褪色，是书写、绘画和临摹蒙描的极佳用纸。清黄本骥《三长物斋丛书》称浏阳纸：

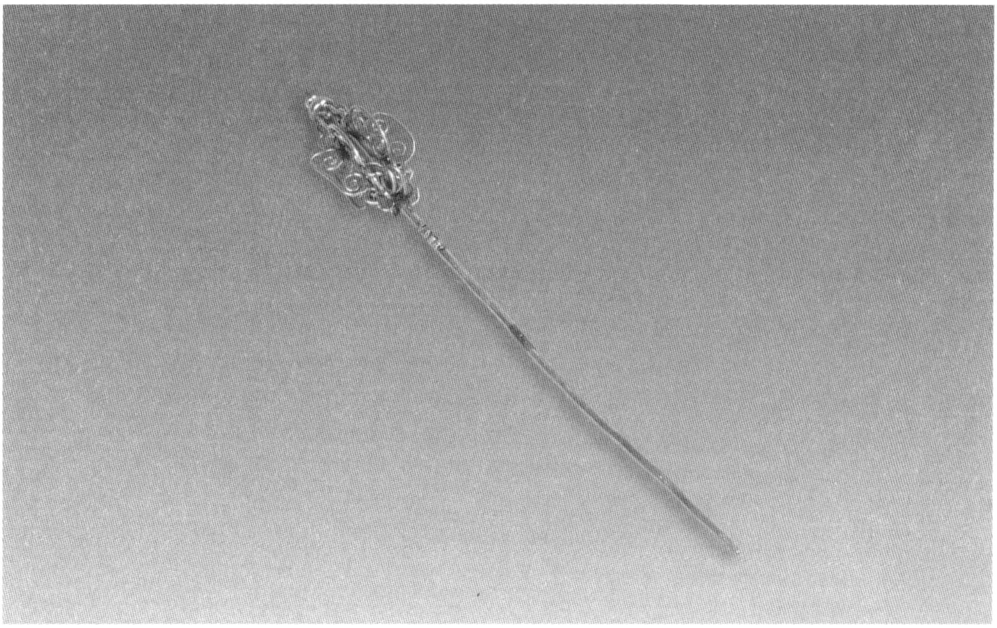

湖南西乡出土的六朵云纹头簪

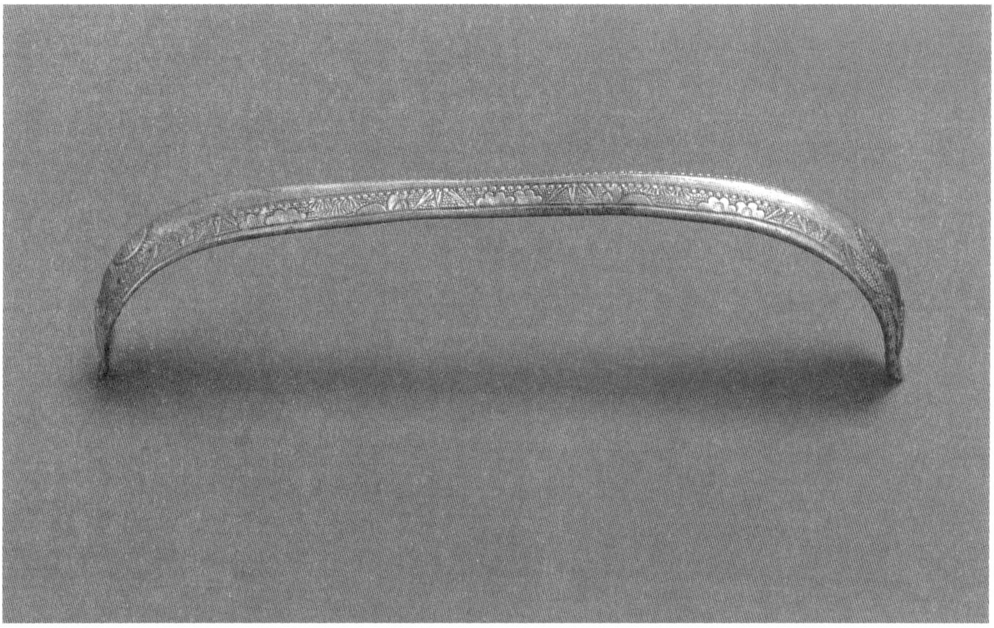

清“修文元升”铭文弓形银簪

清花炮行业制硝木碾

"肌理甚细，与贵州产相似，制书画屏障特佳。"清乾隆年间被朝廷纳用，始有"贡纸"之称。

除以上这些特产之外，浏阳豆豉和菊花石也很有特色。浏阳豆豉生产历史悠久，道光年间浏阳就有多家豆豉作坊，以"杨福和"最有名。它以浏阳永安和长沙椝梨所产泥豆或河南黑豆为原料发酵精制而成，颗粒完整匀称，色泽酱红或黑褐，皮绉肉干，质地柔软，汁浓味鲜，营养丰富，且久贮而不发霉变质，是烹饪菜肴的极佳调味品。浏阳菊花石雕起源于乾隆年间，传说秀才欧阳藩偶然发现"有纹而晶莹，作菊花状，跗萼宛然。其中或含苞，或半吐，殊极天趣"的浏阳河底之石块，遂取名菊花石。他与当地木雕艺人程维达合作，试雕砚台，磨墨细腻，久润不干。于是他们大量生产出售，从此代代相传，发展成中国三大石雕之一。

明清浏阳手工业迅速发展的背后，依托的是长沙地区商贸业的繁荣支撑。湖南因地处内陆，居民一般以农为本，商业不及江浙和沿海地区发达，但清前、中期长沙各地商业也获得了新的发展。长沙府城周边市镇经济一度繁荣，形成了若干商品集散中心。据学者统计，清代前、中期长沙府所辖各县（州）市镇数目如下：

康熙（1662—1722 年）时期：长沙县 14 个、浏阳县 9 个、醴陵县 5 个，合计28个。

乾隆（1736—1795年）时期：茶陵6个、善化10个、长沙5个、湘阴20个、浏阳37个、醴陵10个、湘潭91个、宁乡9个、益阳2个、湘乡2个、攸县9个、安化12个。共有市镇213个。

嘉庆（1796—1820）时期：茶陵6个、善化6个、长沙30个、湘阴14个、浏阳30个、醴陵10个、湘潭12个、宁乡9个、益阳8个、湘乡16个、攸县8个、安化9个。共有市镇158个。[1]

长沙于康熙三年（1664）湖广分治后成为湖南省会。长沙水运交通素称发达，“帆路北达岳常，南达衡州，西达宝庆。浏、醴、乡、宁，并通小舟”。[2]除长沙、湘潭等大型商业贸易中心城市外，长沙府其他县城的商业也得到发展，如浏阳、宁乡、益阳等发展成为辐射一定区域的商业城市。浏阳位于长沙东面，与江西省接壤，历来是湘东边境贸易重镇，清初发展成为湘赣边境的贸易枢纽。康熙十八年，全县集镇增至17个。乾隆四年（1739），鞭炮制作进入商品化生产，造纸业开始起步，县城商业有“十帖十行”，即屠、药、纸、染、面、油、烟、帽、酒、皮十行。嘉庆年间，夏布生产发展很快，帽行遂改为夏布行。

从以上可以看出，各个时期浏阳的商品集散中心都是比较多的，商业贸易等各行各业发展也比较快，这在一定程度上体现了浏阳清代资本主义萌芽和相对繁荣的商品经济的发展状况。

[1] 巫仁恕：《清代湖南市镇发展与变迁》，载《汉学研究》1997年第15（2）期。

[2] 辜天佑编著：《湖南乡土地理教材》第一册，群益图书社，1910年

第四节

民本的昭示

——明清浏阳官吏疏请减赋与捏报垦亩

《荀子·王制》："传曰：'君者，舟也；庶人者，水也。水则载舟，水则覆舟。'此之谓也。"宋代以降，历代帝王均要求在县署具《戒石铭》碑于仪门内，上书"尔俸尔禄，民膏民脂。下民易虐，上天难欺。"又孟子有言"民为贵，社稷次之，君为轻"。所以历史上很多伟大的政治家、思想家特别强调民本，历朝历代很多有作为的君主也很重视民生，清明政治之下，民字从来都应该是大写的。但是也有许多官吏为了一己私利或迎合上司，不把百姓放在眼里，为世诟病。浏阳古代县志，既记载过明清浏阳官吏捏报垦亩的往事，也留下了一些有担当的官吏为民请命疏请减赋、甚至为怜悯百姓挂印而去的故事。这些记载在史上的往事，成了昭示后人的历史标本。

1. 民为重——明清史上那些为民做主的浏阳好官吏

清代前期的赋税制度，沿袭明代的旧制，以田赋和丁役为国家的主要赋税方式。明末天下大乱，为了应对变局，朝廷下令向民间加派"三饷"（辽饷、剿饷、练饷）。清初沿袭了辽饷九厘银的征派，而湖南是清代九厘银征派最重的省份，长沙府各县的民田田赋，除了交纳本征粮食，还要交纳折征银两。此外，明末就有的辽饷九厘银仍是清初长沙府百姓的一个重要负担，除了这些常赋外，长沙府人民还要负担数量不少的加耗，如赠贴米、里纳米等。所谓"丁役"，就是年满16岁到60岁的男子（壮丁），每人每年为国家负担一定日期的无偿劳务。

有明一代至清初，浏阳老百姓深受堕粮之苦，遭难深重，但两朝还是出现了不少为民请命的好官吏。同治《浏阳县志》卷六的《豁粮纪略》记载了明清一些富有正义感的官吏不断为民请命、上疏减赋的情况。崇祯初年，知县冯祖望向上司申诉浏阳百姓"八难七苦"及十年完粮欠缴情况。冯望祖《八难七苦详》说浏阳有八难：一曰田无则科之难，二曰丁无增减之难，三曰绝户追溯之难，四曰浮粮稽核之难，五曰逃丁招抚之难，六曰荒芜开垦之难，七曰异省勾摄之难，八曰追呼不应之难。还有七苦：一苦于州县之代编，二苦于重差之叠至，三苦于舟楫之不通，四苦于秋成之半入，五苦于商贩之勒卡，六苦于催科之无术，七苦于频年至堕累。故“浏之脂膏已竭，万难重派”，诉牍数千言，中有“去就不足惜，恐困极生变”之语，可见其胸怀与担当。幸亏冯祖望也同样遇到了一个能体恤民苦的好上司，巡按余应桂接到申诉后，报请朝廷最后免去浏阳绝粮五千九百余石。

进入清代以后，浏阳虽经顺治皇帝减免粮赋一万余石，至十五年又被知县宋时亨虚报垦亩近万石，又增加为六万二千余石。康熙初年，虽然湖南巡抚刘兆麟、总督张长庚以及偏沅巡抚周召南和浏阳知县韩爆相继向朝廷奏请减免，但依然达到六万多石。康熙七年，侯朴担任浏阳知县，为浏阳百姓的困苦震惊，向上司撰写《请宽逋欠详》的报告，但是没有得到回应，结果忧虑成疾，于康熙十年病死在任上。直至康熙十一年，偏沅巡抚卢震来浏视灾，请豁免，浏阳粮赋才得免一万一千余石。但后来吴三桂叛乱，浏阳又加重了粮赋，“民力几尽”。康熙三十二年，王培生担任浏阳知县，深感浏阳百姓之苦，向湖广总督和湖南巡抚长文申诉，题为浏阳百姓《四苦禀》：“一苦堕粮重累莫苏也，一苦捏加顷亩之陷害也，一苦三十年清丈，骤加粮三万一千七百有零也，一苦最莫申者，粮无科则下下概纳上上赋也。”王培生“蒿目时艰”，动情向上司陈情浏阳百姓苦难，但是没有得到批准。至雍正年间，浏阳赋税又达到七万七千三百余石，科征饷银四万六千有三百余两，南米万有二千三百余石，漕米万有四千四百余石，视宋、元赋征收加倍。直到乾隆四年才减少至固定五万余石，老百姓的科赋压力才得到减少，堕粮之害，自明至清，贻害浏阳百姓370余年。

在明清这300多年间，很多官吏不断为民请命，劝民桑课，造福一方百姓，让老百姓记在了心中，在正史上留下了好名声。同治《浏阳县志·职官·政略》这样记载着他们的宦绩：明代，史希贤，无为州人，洪武初任浏阳知州，创立州治，兴办学校，多有美政，为邑人所爱。赵贯，洪武二年浏阳降州为县后任浏阳知县，改革赋税征收制度，每户发放“由票”，详列赋税明目与数量，杜绝豪强从中渔利，百姓称便。孔良弼，山西泽州人，洪武三年任浏阳县丞，兴修水利，广筑陂塘堰坝，民得其利。王一言，四川内江进士，成化十一年知浏阳，锄强梗以安善良，暇辄引士讲经义不倦。张淳，字宗厚，合肥进士。弘治元年知浏阳，勤恤民隐，嘉惠士林，循声四溢。等到他离开的时候，百姓很怀念这位好父母官，有《政成遗咏》写到张淳治理的浏阳“三年丰稔，百里弦歌”，以及猛虎渡河、施药愈疾诸内容，并立遗咏楼在县治门左。最终官至云贵总督，入浏阳名宦祠。苏志皋，固安进士。嘉靖十一年知浏阳，多次微访民间疾苦，知逋赋累累，有户者未必有田，乃造一册曰《倒田》，倒其无田者归有田，于是赋役清厘，公私咸便。又兴学重教。他离开浏阳时，民思之歌曰："苏公一点坐琴堂，四乡百姓尽安康。"入祀名宦祠。朱志，江西宜春举人，万历二十六年任浏阳知县，"教民以敦节俭、勤农桑为务。严戒奢靡"，"悯浏赋重，征收间用敲扑，辄泣下。一日，悬印绶于堂去，未终任"。朱志是浏阳历史上唯一一位怜悯百姓痛苦、不满官场黑暗而挂印离去的官吏。清代侯朴，河南开封进士。康熙七年任浏阳知县，"时浏额赋多逋，会岁屡旱，又供亿西山军需，积逋尤甚。朴至，为条列民疲困状，吁宽征。尝赋诗言地瘠赋重之苦，词极惨恻。十年九月，卒于官，盖缘追比不前，殷忧成疾云。"等等。据统计，在宋代杨时、徐经孙之后，明清两代又有史希贤、王一言、张淳、苏志皋、胡一正、赵应期、刘尔芊等八位任职浏阳的官吏入祀名宦祠，寄托着浏阳百姓对他们的表彰和怀念。

政声人去后，民意闲谈时，贤良官吏为民请命的点点滴滴，将是史书上的俎豆流芳，或者民间的口碑载道，这便成了古往今来千秋吏治的龟鉴。

2. 暗淡的人性——明清官员追求政绩之下的民生苦难

古语有云：当官不为民做主，不如回家卖红薯。身在官场，古代官吏中有过很多不畏强暴、一心为民的好官，也出现过不少逢迎上司、不恤民困的苛吏，他们或许不是贪官污吏，但是因为缺少民本情怀，只为个人升迁胡乱作为而不顾百姓困苦，其所作所为便饱受后人诟病和批判。

明代湖南浏阳、湘乡两县百姓饱受堕粮之苦，崇祯初年，浏阳知县冯祖望申诉浏阳百姓"八苦七难"，反映了浏阳当年被苛征粮赋、百姓困苦的现状。至清代顺治、康熙、雍正三朝，虽然皇帝总体体恤百姓，科征有所豁免减少，但是在此期间，浏阳县知县宋时亨、蒋擢、赵世禄和江日容等在查荒过程中虚报垦亩，再次不断加重了百姓负担。同治《浏阳县志》卷六《豁粮纪略》载："及国朝定鼎，且减一万八千石。每田十亩，时征银六钱三厘、漕米一斗七升三合、南米一斗五升九合各有奇。兵燹后，荒绝多。顺治十年，偏沅巡抚金廷献疏陈湖南民命凋残，请豁荒蠲欠，上许之，又豁浏阳粮万馀石。时存额粮五万三千有奇，知县徐维坍均为五百甲，甲输百有六石馀，岁幸无逋者。十五年，知县宋时亨先后报垦粮近万，遂增为六万二千馀矣。”又载：“（康熙）二十年，大吏遣知府任绍爌来稽荒熟，乃以昔年五万馀石成册分三则劝垦，凡粮三万石，题请六年后起科，于二十六年纳赋，民便之。已而三十年清丈，偏抚王良令州县无拘成数。明年，知县蒋擢辄括原隰涂畛，丈为熟田、地、塘六千九百四十馀顷，骤加粮倍，凡额六万一千六百有奇，即于其年起科，田无科则，遂复苦重赋矣。”还有记载：“五十三年，查荒命下，知县赵世禄又以辟土已尽告，而令佐贰括硗确荆榛地丈之，亩视地则四升起科，百姓相率控诉。知县江日容覆丈，且有加。”直到乾隆三年（1738）六月，总督德沛疏请于朝，才得到乾隆皇帝批准：“报可，浏阳得减民赋田、地、塘八千九百四十余顷，额粮一万七千一百余石……以己余年为始。”即从乾隆四年（1739）按减过实数征收，“浏阳存额粮六万有二百馀石”。撰志者深有感触地说：“明以来明祖之雠加，宋、蒋、赵、江诸令之虚垦为民累者，赖高宗纯皇帝深仁厚泽，一旦出诸水火。迄今百数十年间，民困苏，官不受催科之谪矣。”由此可以看出，浏阳历史上不少怜悯百姓的县令好不容易争取到的减赋成果，在宋时亨、蒋擢、赵世禄和江日容等当政者机械执行上司指令和几番折腾之下化为泡影，百姓的赋税较之前反而增加了不少。

第五节

盛世筑城

——浏阳古城营建与市集发展

在浏阳这片神奇的土地上，“鸿阁斜阳”等“浏阳八景”见证了浏阳昔日的辉煌，江南“六大文庙”之一的浏阳文庙凸显了浏阳传统文化的精髓。一大批堪称湖湘建筑艺术瑰宝的浏阳古建筑和古桥，犹如一颗颗璀璨的明珠，闪耀着光芒，记录和传承着浏阳独特的建筑艺术和文化脉络。

嘉庆《浏阳县志》插图《枫浦渔樵》

1. 龟山留旧赋，名邑有胜迹——浏阳古城池记忆

浏阳是千年古县，古代先人们在这座古城中留下过很多灿烂的古建胜迹和文明成果，杨时、苏志皋、韩爆、赵嘉程、谢希闵等浏阳知名县令，欧阳玄等浏阳著名乡贤，杜甫、杨万里等流寓文人都曾在这里留下了名篇旧赋。那些以不同形式记载着灿烂文明的古建筑和诗词歌赋，一同标志着浏阳古城池历史遗存文明发展的高度。

清同治《浏阳县志》载古浏阳城："浏旧筑土城，周数里许，高不逾丈，不置池。"明嘉靖《浏阳县志》这样记载城楼："主城周围六百五十二丈，东西南北四城楼，东曰朝宗，南曰向阳，西曰望月，北曰拱辰。"可以看出浏阳在明朝嘉靖年间就筑有较大规模的城墙了。因水患的关系，嘉靖年间开始在濒水的地方以甃石为堤。万历十九年，知县杨一桂"谋易以砖"，将全县分成五百甲，每甲分修一丈一尺，刻上名字，倒了要重修，"于是有砖石城矣"。

清嘉庆戊寅年《浏阳县志》所载城池图

清顺治十四年，葺旧补新，增城高五尺；雍正七年，知县陈梦文到任后，纳捐修缮城楼；乾隆二十一年，增筑城周四里，外高两丈，内八尺，基广三尺。与此同时，完善东南西北四门：东门原称朝东门、东善门、朝宗门，后改为朝阳门；南门原称正阳门，后改称向阳门；西门原称水西门、望月门，后改称迎爽门；北门原称朝天门，又名拱辰，后改称承恩门。至此，经由历代官员不断组织修建古城墙，浏阳古城才形成了真正意义上的城市。

城市街巷分为东城街巷、南城街巷、西城街巷和北城街巷。

东城街巷由东城外过洗药桥叫上街口，抵马栏下。桥以西，经过升冲观、桓侯庙一带叫新街口。左有水巷二，右有巷达蜈公岭。然后是高升街，左有

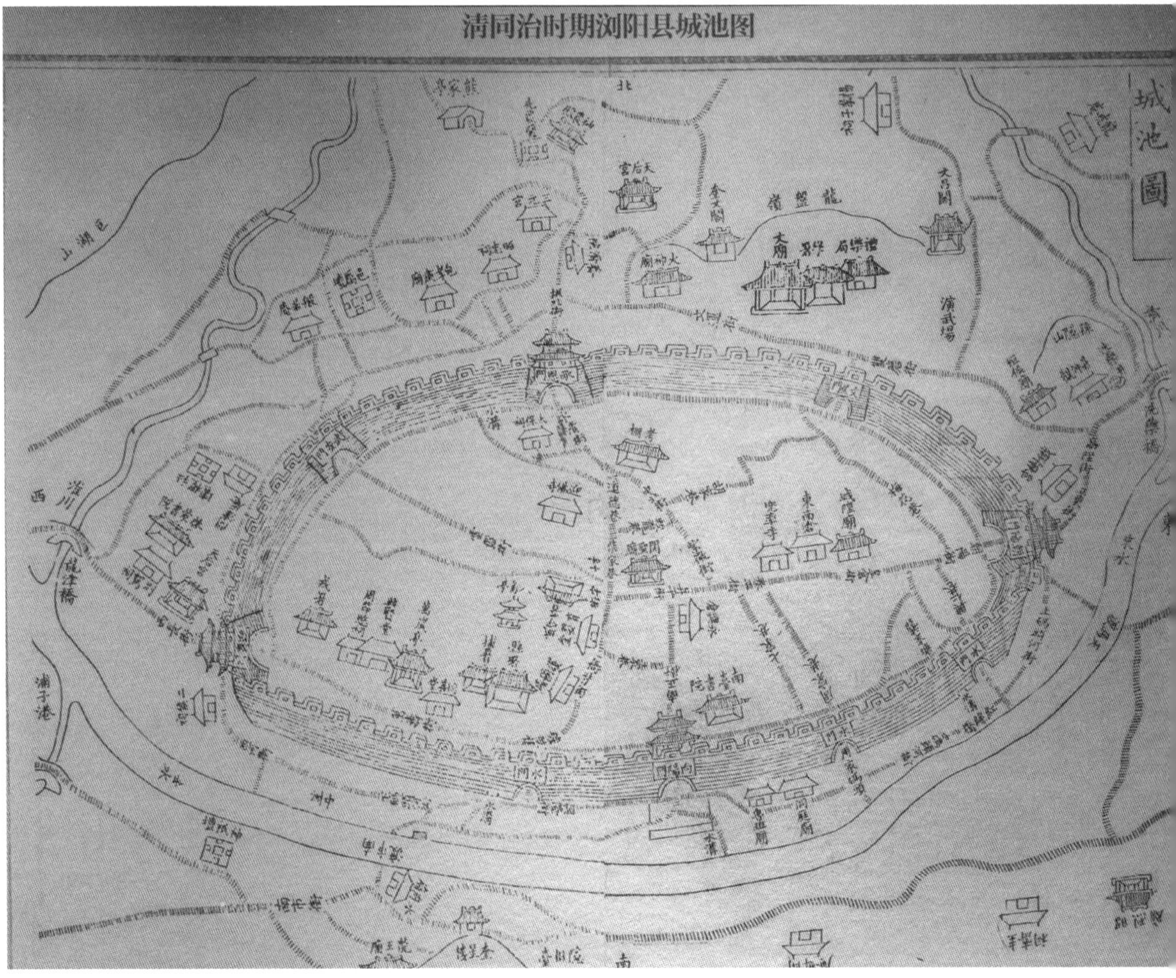

清同治时期浏阳县城池图

两个水巷，一个叫解家码头，一个叫城墙巷，也叫水巷，达天马渡及红丝桥。右有城墙巷，叫德里巷。由巷进，过文星门，有一条街叫磨石街，西北行达拱北桥，东行达蜈公岭。左边是演武场，右边是学宫居。过学宫，属北城境。城内叫大街，左右有城墙巷。左边称作南来巷，达南城。右称作北达巷，达北城。再右边是梅花巷，抵达文星门，往西抵达胡家巷。再左边叫兴仁巷，有水门，叫迎旭门，水门外是红丝桥。再往左边叫龚家巷，有塘叫龚家塘。靠近城西下有巷叫东升巷。自龚家巷口至城隍庙前，合皇仓街，属南城境。其沟水一边流入城门，一边注入水门，出城下，由红丝桥并入于浏水。

南城街巷。南城外濒临浏阳河。城外地势低洼，同治十一年以甃石为堤，堤上筑垣为月城形。沿河东上，城墙背面是鲁班庙，前是洞庭庙和周家码头，抵达红丝桥。西边靠城墙有巷子叫兴隆巷，接西门河街。过浏阳河对面便是南市街，靠近山边是龙王庙，前面是奎星楼，下边有巷叫浦子巷。从南城入城的地方是南台岭，街左右有城墙巷。右经南台书院，左次为王家巷，达衙背街。由街至永兴仓前，折而西行，叫关庙前街，亦叫古十字街。往东经紫微街口，便是昇平街，也叫牌楼下街。再是太平街，旧称四牌楼。右有七家巷，再往右是周家巷，巷有水门，称为引薰门。外面便是周家码头。再往外是皇仓街，也叫大寺前，即兜率寺。其沟水注入城门，并注水门入于浏阳河。

西城街巷。西城外，自龙津桥至城门是西街。旧有牛路巷。左有城墙巷，抵达北门下濠。偏西叫社坛，抵达龙津港。右经古灵官庙南下是状元洲，达南市街渡。往东行为河街，抵达兴隆巷。也有一巷抵达南市街渡口，旧称平政巷，在平政桥首。又旧志有关王巷，在西城外。入城，左有城墙巷，经营盘口抵达北城。过县署前便是水门口。水门外即河街转弯靠北是钟鼓楼街，右当南城巷。过护国庵，是正大街，也叫衙背街，旧称衙后街。经过王家巷口至古十字街口，抵达迎佛寺前街。左有通衢巷，巷内叫营盘，西北当武安门，西南过把总署，有巷抵达西城巷。旧有东学巷、西学巷。其沟水注城门，并注水门入于浏水。

北城街巷。北城外称为拱北街，有田家井巷，在映月岭下。出街是北门岭。北之东叫拱北桥。过大井至火神庙，折而东，达磨石街。西北边是濠兴街，旧称下濠街。出街为下濠，抵达西门。西门入城叫永清街，旧志记载："城内曰北街，直进曰旧牌楼，今名永清街。"左右有城墙巷。左巷达东城，右巷达西城。右边有太保巷，内有板龙巷，再进去有道德巷，也叫柴家巷，接迎佛寺前街。然后是中北街，即旧牌楼，左有胡家巷，中为落段，达梅花巷。右有蛟龙巷，抵达柴家巷。再往里面是紫微街，达昇平街。其沟水一注城门，出下濠，一注太保巷出城下至下濠，进入龙津港。

历史已经远去，古老的城市也已经旧貌变新颜。今天生活在这座城市中的人们，或许大都已经找不到古时那些寻常巷陌，但是镌刻在人们心上的关于这座城市的古老记忆，已经成为永远的乡愁定格在我们的心底。

2. 暖暖远人村，依依墟里烟——浏阳古代市集

明清之际，资本主义开始萌芽，浏阳的实业发展和商品贸易达到一定规模，使得县境内集镇逐步壮大。据清嘉庆及同治年间《浏阳县志》记载，浏阳东乡的市集有：渡头市、双江口市、左家湾市、炭棚市、古港市、范家岭市、高坪市、永丰市、黄江桥市、桥头市、塘田市、永和市、沿溪桥市、竹连桥市、官渡市、滩头市、横山市、兵马桥市、蒋埠江市、观音堂市、达浒市、金钟桥市、东门市、彭家坊市、田心市、上洪市、张家坊市、白沙市、陈家坊市等；浏阳南乡的市集有：南浏桥市、蹑云桥市、牛石岭市、路口市、枫林铺市、吾田市、澄潭江市、大瑶铺市、柘溪市、金刚头市、杨家湾市、石羊坪市、文家市等；西乡的市集有：太平桥市、韩家港市、青草市、枨冲市、蒜州市、跃龙市、大水市、普迹市、霞山市、镇头市、百嘉山（柏家山）市、渡头市等；北乡的市集有：蕉溪市、高升街市、羊牯滩市、洞阳市、洞庭滩市、沙石街市、毛公桥市、横山头市、相公店市、大桥市、毛田市、赤马殿市、龙伏市、永安市、焦家桥市、社港市、花溪桥市、黄泥界市等。

从以上市集可以看出，浏阳气候独特，物产丰腴，在古代小农经济环境下，这些市集采取墟场形式，承担着百姓销售土特产品和贸易交换的任务。随着明清时期资本主义的萌芽，有些市集已经形成以贸易经营为特色的产品销售中心。这些市集中尤以永和市、古港市、官渡市、镇头市、普迹市、永安市、文家市、大瑶铺市最具规模。比如当年普迹市的夏布经营销售，已经成为长沙地区的主要集散地，产品远销湖南、湖北、两广等地，长沙开埠后更是远销国内外。浏阳乡村市集主要交易产品有稻米、茶油、茶叶、豆类、甘蔗、猪狗、牛羊、马驴等食物和牲畜以及夏布、鞭炮、皮纸、草纸、煤炭、白炭、石灰等生活用品。

3. 旧时几家堂前燕——浏阳古建遗踪

浏阳地域宽广，风俗及文化个性鲜明，建筑具有比较明显的南方特色。宋代以降，尤其是明清以后，城区及东南西北四乡都兴建了一些非常有特色和个性的建筑，兹列部分有代表性的古建筑如下：

（1）浏阳文庙

浏阳文庙位于浏阳市城区圭斋东路 81 号，是一处祭祀儒家学派创始人孔子的庙宇式建筑群，被称为江南地区最大的孔庙。始建于宋，屡经兴毁与迁建，现存文庙为清道光二十三年（1843）重修建筑。浏阳文庙坐北朝南，砖木石结构，呈长方形、阶梯式、轴对称布局，占地6100平方米，由万仞宫墙、门楼、檐廊、大成门、奎文阁等建筑组成（泮池、状元桥、棂星门已毁）。浏阳文庙建筑雄伟壮观，庄严肃穆，汇集古建石刻、木雕、泥塑、镶嵌、书法、彩绘、脊饰等建筑艺术，具有较高的历史、科学和艺术价值。浏阳文庙的祭孔古乐曾独步全国。2013 年 3 月，浏阳文庙被公布为全国重点文物保护单位。

（2）沈家大屋

沈家大屋位于浏阳市龙伏镇新开村东北隅的西沅组，始建于清同治四年（1865），大屋坐东南朝西北，土木结构，由永庆堂、师竹堂、德润堂、三寿堂、筠竹堂、崇基堂等建筑单元组成，拥有 17 间厅堂、20 口天井，占地面积 13500 平方米，建筑面积 8200 平方米。它是长沙地区现存古建筑规模最大、保存较为完整的晚清民居建筑群，具有较高的艺术价值和历史价值。2011 年 1 月，沈家大屋被公布为湖南省重点文物保护单位。

（3）六栋堂

六栋堂位于金刚镇星星村中心组。始建于清顺治年间，原为九栋，后至康熙年间改为六栋。六栋堂，从字面上理解，就是由六栋房子组成的建筑群。“六栋堂”两边挂有“龙门世第”“鹿洞家声”，门额书有“六栋堂”。大门后面是六栋房子。厅堂、天井和两侧横屋、厢房构成相对独立的建筑单元。单元与单元之间以厅相连，直通最后一栋，一栋比一栋高。打开厅与厅之间的隔断门，六个大厅一览无余，近百米的进深，108 根木柱整齐排列两边，形成一个幽深的空间。2014 年 3 月，六栋堂被公布为长沙市级文物保护单位。

浏阳文庙大成殿

浏阳文庙大成门

（4）**古桥梁**

新安桥，位于浏阳市社港镇合盛村，为浏阳境内唯一保存完好的单拱廊桥建筑。始建于明成化十年（1474）。呈东南至西北走向，桥长 15 米、宽 4.5 米，建筑面积 68 平方米。桥亭为木质榫卯结构，木柱 29 根分四组立于两侧，亭两侧设板凳，可容纳数十人歇息。桥墩和券拱由红砂岩砌筑，斑驳沧桑。

社港新安桥

跳石桥，位于浏阳市大围山镇楚东村漾水湾组大溪河上。始建于明洪武年间，历代修葺，保存沿用至今。桥长 50 米，南北走向，占地面积 50 平方米。该桥形制简单独特，经久耐用，且保存完好，具有一定的历史价值和科学价值。

长鳌江桥，位于浏阳市大围山镇长鳌江村河口组的长鳌江口，是一座花岗岩单孔券拱桥。始建于清道光年间，原为木构梁桥，因水患屡毁屡修，清光绪二十九年（1903），村民倡议捐资改建石拱桥，光绪三十三年，石桥修建竣工。桥长 12.7 米，宽 6 米，高 9 米，占地面积 76 平方米，桥面两侧各设条石护栏，桥栏内壁嵌有的四通建桥石碑及桥头石质惜字炉，均保存完整。

保宁桥，位于浏阳市文家市镇新发村严家滩，始建于清嘉庆二十三年（1818），是一座五墩四孔、桥面砌青砖墙体、小青瓦覆顶的廊桥建筑，现青砖墙体与桥亭已毁。该桥南北走向，为花岗条石券砌，桥面平整，两端有阶梯引桥，桥墩呈船形，券拱石上镌刻楷书“保宁桥”三字。桥长 37 米，宽 4 米，高 6.15 米，占地 148 平方米。

大围山长鳌江桥

第六节

兴学重教，百年树人

——明清浏阳的教育进步

进入清代以后，康乾盛世期间，统治者减轻赋税，兴办学校，促进民生，浏阳社会经济得到较快发展。乾隆三年（1738），浏阳得减赋税。乾隆十年以后，浏阳先后建起南台、洞溪、狮山、文华等书院，培养了一批著名的经世济民人才。

满族入主中原后，注重学习汉族文化，推行文教政策。第一是尊崇儒学，向全社会推广，使之成为共同的行为规范。第二是推崇官学，学校与科举并行且以科举控制学校。清朝地方教育体系主要包括三部分：一是官办的府、州、县学以及社学、义学；二是独立于官学系统之外的书院；三是里甲和私塾教育。

在地方官学的设置上，清代基本沿袭明朝，设有府、州、县学。府设教授，州设学正，县设教谕。明末清初，长沙经历了张献忠之乱、大顺农民军与南明何腾蛟联合抗清、吴三桂之乱等战乱，明代的官学基本被毁废。清代前期，一批被毁废的学校得以重建。据嘉庆朝有关材料统计，长沙地区在清代重建、改建、迁建的府州县学有13所，其中浏阳县学在顺治十二年（1655）由知县徐维垮在明代旧址重建，康熙朝重葺，学员额定12名。

清前期长沙府各县还广泛兴办了义学，作为初级蒙学教育的场所。由于政府的大力提倡，义学分化为官立和民办两种类型。官立义学由政府投资兴办，教师俸银由国库开支。据记载，康熙年间浏阳知县蒋擢曾在县内创办了官办义学。民办义学是由士民通过捐田、捐银、捐房设立的。另据光绪《湖南通志》记载，清前期长沙地区大兴建设义学之风，浏阳县内义学更是达到9所。

书院是我国封建社会后期兴起的一种特殊形式的教育场所。清初书院承袭明朝遗风，常有千里期会、百人聚讲的盛况。清初，统治者害怕书院成为讽议朝政、传播反清复明思想的场所，对书院采取抑制政策。但随着清朝在全国统治地位的巩固，社会逐渐安定下来，到顺治末年对书院的抑制政策已有所松弛，康熙、雍正年间进而实行支持和鼓励政策。长沙府属各县的书院渐次复兴。据清代湖南省长沙府各县县志统计，长沙府新建和恢复书院65所，其中浏阳达到10所。1840年前后兴建的影响较大的书院有4所：

南台书院：建于康熙三十一年（1692），以元末南台岭义学为基础迁建于西城内，乾隆十年（1745），迁建于县城内南台岭并改称书院，先名“近圣”，后改“清浏”，再改“南台”，岁取生监正附课各10名、童生正附课各20名。

洞溪书院：在东乡张家坊，道光二十年（1840），以张良赞的一所私塾改建，岁取生监正附课5名、童生正附课10名。

狮山书院：在东乡古港，建于道光二十一年（1841），岁取生童名额与南台书院同。

文华书院：在南乡文家市，建于道光二十一年（1841），岁取生监正附课各6名、童生正附课10名。

第七节

明清浏阳八修县志

——经史艺文流芳后世

史学与地方志是中国重要的传统学科之一，明清尤其重视修志。清代史学、地方志编纂在统治者的高度重视之下，已然进入到传统史地学的总结时期。此时，包括浏阳在内的长沙地区的正史编纂、地方志编写和文献学诸方面，均取得非常突出的成就。

1. 记忆永恒——明清八修《浏阳县志》和《浏阳乡土志》

乱世筑城，盛世修志。"国有史，地有志，家有谱"，著千秋史实，载古往今来，用春秋笔法，言兴亡更替，这是中华文化的特点，也是华夏文明得以延续保存的历史底色。古代中国各朝代均对地方志的编纂有浓厚的兴趣，这些方志记录一定区域内的经济、政治、军事、文化、人物，对于保存古代地方文化、追寻地方发展的线索脉络、形成地方传统等都起到非常重要的作用。明清两代政权稳定后，由于经济、社会和文化的不断发展，浏阳也开始了著史修志的工作。其中流传下来的有明代嘉靖四十年（1561）首修的《浏阳县志》，清代更是分别于康熙四年（1665）、康熙十九年、康熙四十三年、雍正十一年（1733）、嘉庆二十三年（1818）、同治十二年（1873）六修《浏阳县志》，加上光绪三十三年（1907）黄征所撰《浏阳乡土志》，明清两代共八修浏阳地方志，为世人了解明清浏阳经济社会发展面貌提供了重要史实和文字记录。

浏阳县志肇修于何时，今无确考。同治《浏阳县志》点校者汤锐考证认为"至迟在宋元之时，浏阳就已有县志"。明嘉靖《浏阳县志》是目前存世最早的《浏阳县志》，由时任知县萧敷主修，教谕刘以身纂修，共分上下两卷，上卷内容包括地理志、建制志、学校志、选举志、职官志、祭祀志等，下卷内容包括名胜志、食货志、人物志、方外志以及附录等。共约两万多字。

清代是我国方志编纂最为发达的时代，浏阳曾经六修《浏阳县志》和一修《浏阳乡土志》，其中比较有代表性的是康熙初龙升所编《浏阳县志》、雍正十一年（1733）方暨谟编纂《浏阳县志》、嘉庆二十三年（1818）王显文、彭浚修编纂《浏阳县志》以及同治十二年（1873）邹焌杰主纂的《浏阳县志》。所有版本中内容最全、考订最为精准的，当属同治《浏阳县志》。雍正版约5万字，嘉庆版约30万字，同治版约38万字。同治《浏阳县志》由翰林邹焌杰、举人贺祥麟以及涂启先、刘人熙等人编纂，先后历时七年，三易其稿，才告成书。内容包括图考、舆地、营建、食货、学校、祀典、兵房、详异、职官、选举、人物、烈女、艺文、杂志等二十四卷。为浏阳描绘了一幅比较全面的清代政治经济社会面貌。

《浏阳乡土志》又名《光绪乡土志》，由朱蔚亭主修，黄征等纂，全书约15万字。正文分三纲（门）十五目，首列历史，分沿革、政绩、兵事、耆旧、户口、氏族、宗教、实业；次为地理，列区域、山，水、道里；三为格物，设物产、制造、商务三目，全书录旧增新，汇辑而成。志重经济、实业、物产、制造、商务五大篇，约占全书篇幅的五分之一。条列浏阳104种职业、表列生物矿产301种；制造亦表列浏阳特产130多种。商务分本境自销、本境外销、本境销售外境货物三类，表列各种商品213种，详记浏阳棉布、夏布、菊花石、豆豉、鞭炮等特产外销情况等。该志虽然没有完全按照传统方志体例编纂，但增加了很多经济社会方面的内容，对近古浏阳社会发展状况在史料方面起到了一定的补充作用。

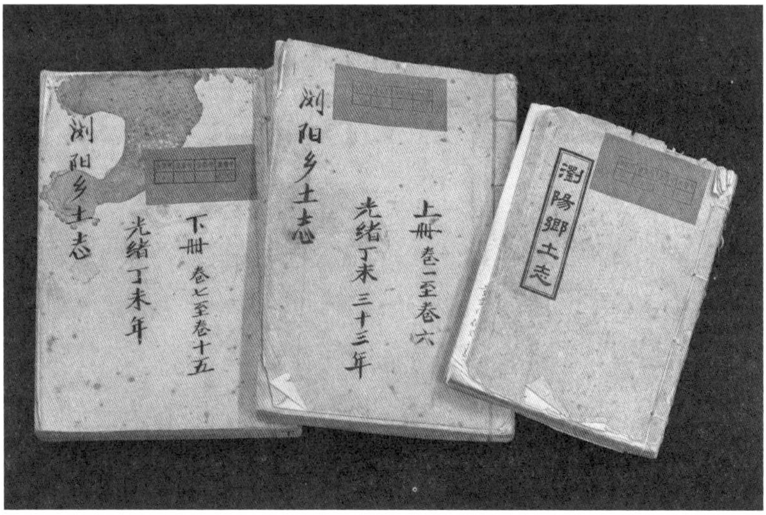

《浏阳乡土志》

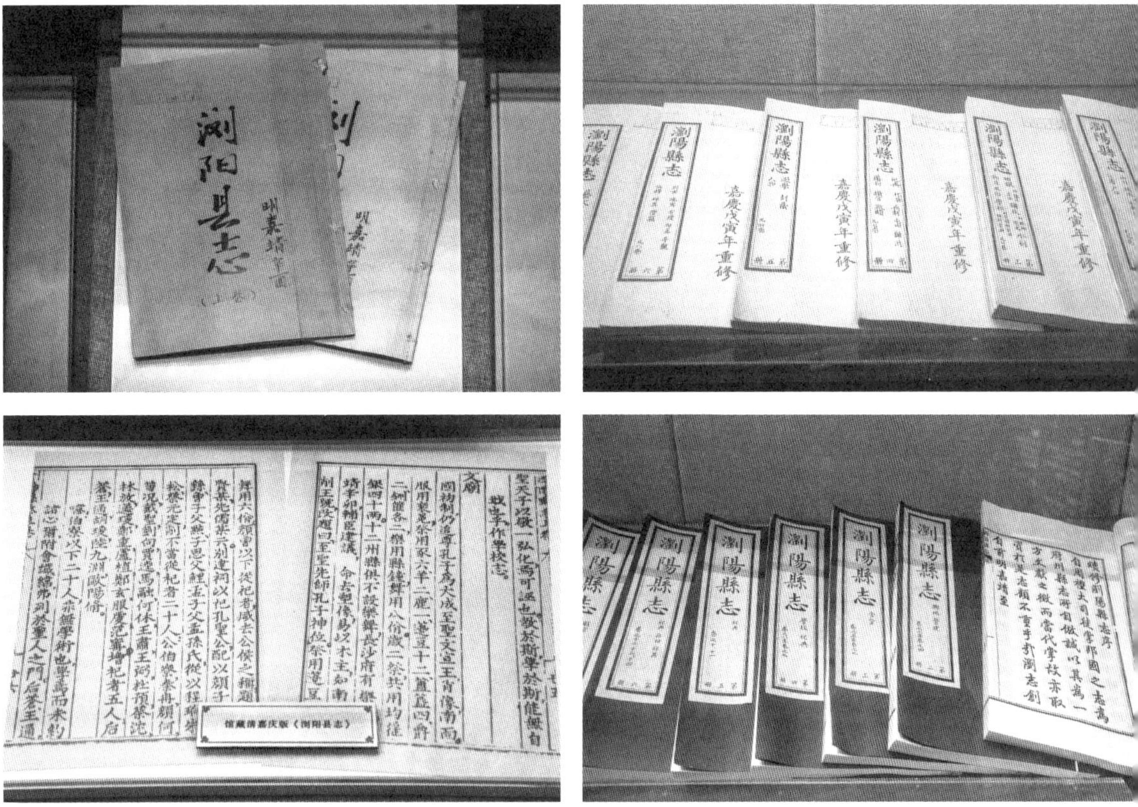

明清各版《浏阳县志》

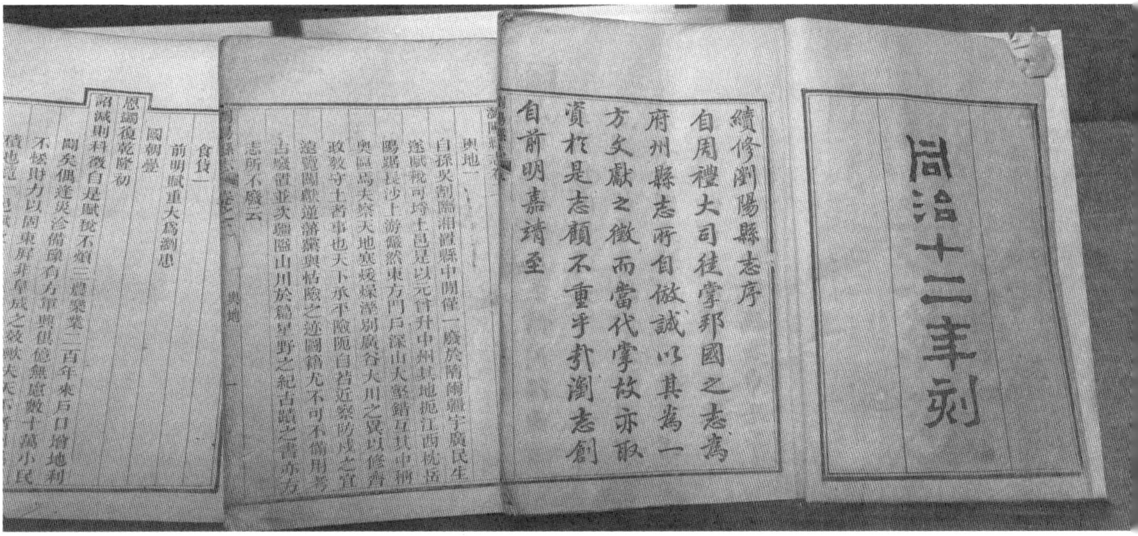

同治《浏阳县志》

2、阳春白雪与下里巴人——经史艺文流芳后世

浏阳向为偏远之地，邑民质朴务实。自北宋杨时知浏阳县事，始创文靖书院，教化邑民，至欧阳玄先祖一度担任文靖书院山长，“躬亲教督诸生，皆勤勉自力，科场既辟，进士辈出”[1]，浏阳民智从此大开，经史文艺开始逐渐繁荣。

首先体现在经学方面有所成就。宋明理学家治经，偏重从主观意愿阐发经学义理，史称宋学。宋学末流王阳明之学（心学）趋向空谈，明末引起批判；清初，知识分子反思明朝败亡，也归因于心学空谈误国，心学因此受到批判。而清王朝入关之初，虽然崇尚汉文化，但也推行文字狱，知识分子不敢议论国是，潜心国故，埋头考证之风遂起，于是汉学渐兴。汉学重考据训诂，重事实论证，受这种治学风气的影响，长沙地区也出现了不少著名的考据学家。其中经学方面浏阳就有朱文炑殚心于《易象》《春秋》，徐标、李益、徐子珍注解考证《尚书》，周寿句解《诗经》，胡光北撰写《声韵蠡测》，邱之稑编撰《律音汇考》等。具体是朱文炑撰《易图正旨》1卷、《五子见心录》2卷，徐标撰《书经衬讲》6卷，李益撰《书经论文》1卷，徐子珍撰《尚书离句集说》3卷，胡光北撰写《声韵蠡测》1卷，邱之稑编撰《律音汇考》8卷，周寿句解《诗经》31卷。另有徐标撰《学庸衬讲》，陶浔霍撰《学庸讲义》，张百培撰《四书说井然》17卷，黄济川撰《四书参纂》6卷，李益撰《学庸脉络》2卷。

清嘉道年间，浏阳人邱之稑更是在古乐研究方面卓有建树。邱之稑（1781—1849），字榖士，浏阳县太平桥人，清代著名音乐家。幼受其父熏陶，喜读书，尤通律吕。道光九年（1829），浏阳县令杜金鉴重修浏阳孔庙，他提倡古乐祭孔，特聘邱之稑为浏阳文庙乐舞教习，并设礼乐局，按律制作一套古乐器。邱之稑受聘后，亲赴山东曲阜学习祭孔古乐，又研习古乐经书，制作古代乐器，培养古乐弟子，在浏阳县率先使用古代礼乐祭孔。由邱之稑传授的祭孔乐曲和由他监制的乐器，一直流传到解放前夕，此后，有国乐古礼仅存于浏阳之说。邱之稑的活动对于保存清代的古乐及乐器有极重要的价值，邱氏之乐器今存湖南省博物馆。

邱之稑在“古乐”实践中，还潜心研究乐律，著有《丁祭礼乐备考》和《律音汇考》。后者今存湖南省图书馆，内容包括《律吕朔源》（卷一、卷二），《乐器审音》（卷三、卷四），《仪礼经传》（卷五、卷六）和《诗乐存古》

[1] 欧阳玄：《圭斋文集》卷十六。

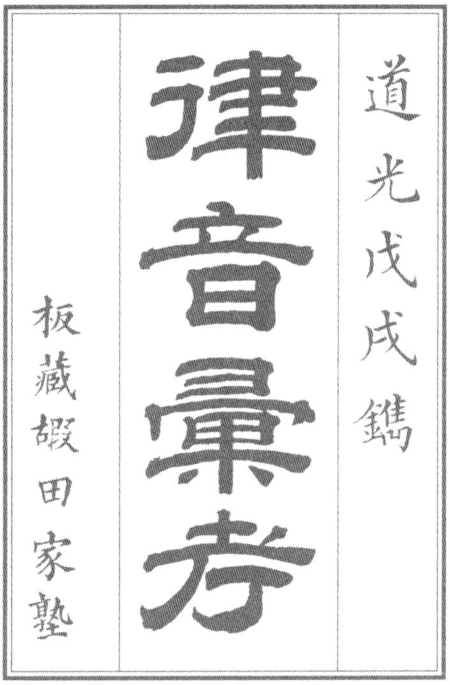

道光戊戌鐫
律音彙考
板藏碬田家塾

清道光刻本《律音汇考》书名页

（卷七、卷八）四大部分。书中集中论述了邱之稑对乐律的认识，其中“五声六律十二管还相为宫”的观点颇有影响。

浏阳古代对于湘剧也有独特的贡献。湖南湘剧，史载源自长沙府浏阳县，当地艺人有浏阳老案堂“九条网巾打天下”之说。老案堂原为浏阳巫神小庙，其神即当地傩神，原称“东山圣公”，还有一女神，名“白氏三娘”，合之即南方少数民族所传伏羲、女娲。乾隆四年（1739），长沙府浏阳、醴陵一带农村艺人自组小班，扛抬案神到四乡游行演戏。还愿人家请这种戏班唱戏还愿，与案神一并接来供奉。这种戏班称作“案堂班”。各案堂班业务活动的共同地点即所谓老案堂，“九条网巾打天下”说的就是这类案堂班都由9个演员组成班，盔头戏衣由班上公办，网巾靴鞋由演员自备，因之系为“九条网巾”，亦称“九老图”。其角色分配为：末一人，生一人，杂（大花）兼净（紫脸）一人，跌（二花）兼小生一人，丑（三花）一人，老（老旦）兼外一人，小生一人，旦、正旦一人，做工（跷旦）一人。这9

个演员，能唱十行角色，能演《封神》《目连》《西游》《南游》《北游》《精忠》等整本大戏和《金印》《白兔》《投笔》《琵琶》等四大高腔戏。戏里角色太多，就采用兼演代演。龙套例由老旦、衣箱兼扮，报子例由第三龙头兼演。叫作“一枪、二马（马鞭）、三报子”。1994年版《浏阳县志》记载：据1952年版《中南地区第一届戏曲观摩会演大会专集·湖南戏》一文载：“湘剧高腔源出于江西弋阳腔，在明代中叶……一由南昌经万载到湖南浏阳以达长沙”，“长沙班应是湘剧主流，老艺人多为长沙东乡和浏阳一带人。”又据1981年《湖南戏剧》增刊《略谈长沙高腔的源流问题》一文考证：“长沙高腔的策源地，是在湘潭和浏阳等县”，“到清咸丰年间，唯一保持高腔优势的戏班，仅有浏阳存在”，“浏阳艺人吸收吉安高腔的长处，对自己原有的高腔进行一番加工润色，使长沙高腔的面目焕然一新，如高腔对滚调的发展、帮腔乐句的改革及唱腔上的讲求韵味等等，都应归功于浏阳艺术创造的结果。”

浏阳的湘剧班，以其组合形式的不同分为案堂班、江湖班和科班。案堂班始于清乾隆、嘉庆之间，系小型戏班，随金刚头福王庙神游乡演出。演员戏路宽，且能一人兼演几个行当，所以便有“九条网巾闯天下”之称。后来由庙首专门延师科戏。著名湘剧演员徐绍清和著名司鼓欧阳寿廷就是在这里出师的。案堂班所藏戏文抄本极多，抗日战争前尚存两大箱，可惜抗日战争中被焚一次，幸存部分又在1952年土地改革时失散。江湖班，由班主（又称本家）出资或合股建成，演员则一年一次或两年一次邀请入班。清末民初，有桂和、福春、太和、太华、红胜等班。科班，属私人办的培训班，如光绪年间普迹的咏霓科班以及玉林、凤仪班等。名旦彭咏吾（彭凤娇）即咏霓科班出身。正如湖南省文联副主席、省戏剧家协会主席、省湘剧院院长王阳娟所说：“现在的史料完全可以证明，浏阳老案堂班是中国湘剧，至少是湘剧高腔的发源地。浏阳之所以能诞生被称为‘南欧北梅’的戏剧大师欧阳予倩，历史的血脉或许来源于此。”

当然除了湘剧，在浏阳流传更广的还有花鼓戏。浏阳的花鼓戏，清末民初形成上、中、下三路：东区为上路，城关与南区为中路，西区为下路。但在当时被官绅视为淫戏，常遭禁止，更不准上戏台演出。

史学方面比较有名的是浏阳人邱庆善所撰《孔门实纪》和周寿所撰《历史总论》等等。

3. 你从哪里来——族谱记录家族源流

国有史，邑有志，族有谱。家庭和家族是社会的细胞，族谱记录着家族源流和繁衍脉络。在浏阳，族谱是浏阳市档案馆除明清《浏阳县志》外保存量最大、最完善的珍贵历史档案资源。浏阳作为一个移民大县，族群是在元明清之际朝代更迭、战争动乱的特殊时代背景下形成的。

（1）源流

旧志《宋季兵事》载：“宋德祐二年（1276），元兵破潭（潭州，今长沙），浏遭歼屠殆尽，奉诏招邻县民实其地。”于是，外地移民纷纷迁入。

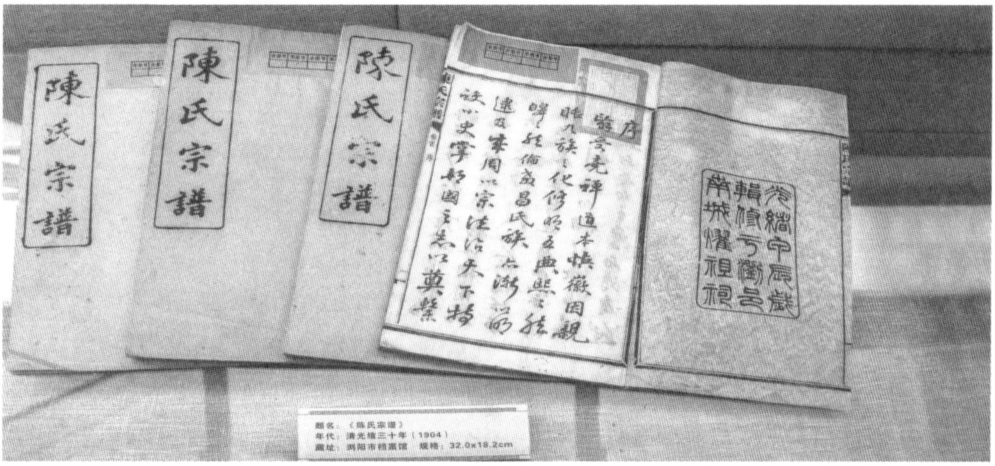

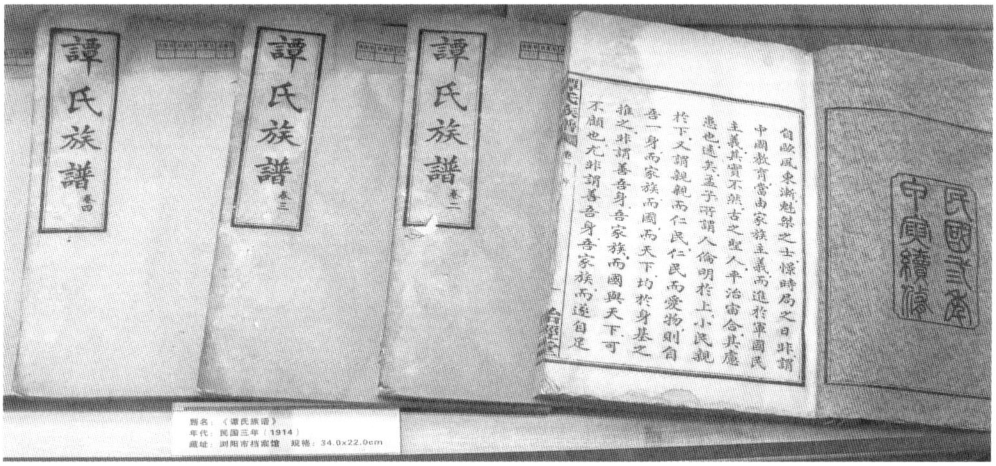

浏阳市档案馆藏清代族谱

至元代元贞元年（1295），户口大增，县升为州。当时移民大都来自江西，成为浏阳人口的主要源流。

明嘉靖年间（1522—1566），一批福建人避倭寇乱，逃入江西宜春。随后，广东人亦接踵而至，竟达数万人。他们在宜春、万载等地搭棚定居，被称为“棚民”。明亡后，“棚民”不断反清，遭清廷捕杀，被迫逃亡。其中一部分潜入浏阳东、南乡的深山僻壤，垦地开荒。当时，明将郑成功据厦门，清不能克，下令将福建、广东沿海居民迁入内地，并烧毁其房屋，死其归心，以绝郑后盾。于是，闽粤入浏的移民增多。据对来自广东籍的36支源流调查，其中即有31支为清初迁入。这些迁入户均保持原籍客家方言，世代相承，示不忘祖，被称为“客姓”。当时较平阔的地带均为江西移民居住，“客姓”只好进入山区定居，至今仍多分布于东乡、南乡山区。

（2）姓氏

根据清光绪《浏阳乡土志》及有关资料追溯，县内姓氏有迁入时间可查的共计175支：三国1、唐1、五代5、宋16、元21、明71、清60。有原籍可考的共计154支：江西80、广东36、福建3、浙江2、河南2、四川2、云南1、广西1、湖北1、江苏1、省内各县市24、世居1。按姓氏笔画顺序详列于下：

丁、卜、于、万、马、方、文、云、韦、王、尹、尤、贝、毛、孔、邓、冯、宁、邝、帅、石、左、古、龙、厉、甘、叶、吕、史、田、卢、冉、白、皮、包、江、池、汤、关、刘、师、许、庄、任、伍、邢、林、杜、吉、寻、尧、成、朱、向、邬、危、阳、孙、况、冷、汪、沙、沈、言、辛、宋、闵、苏、劳、匡、巫、李、杨、陈、陆、邵、张、严、连、吴、时、旷、余、佘、何、但、邱、邹、利、涂、泮、官、郑、荣、范、房、武、欧、卓、罗、易、金、周、饶、岳、季、孟、屈、练、洪、宣、姜、娄、首、施、祖、祝、敖、郝、俞、侯、钟、钮、钱、荀、查、柳、柯、项、姚、胡、赵、骆、贺、晏、柴、段、凌、梁、高、郭、宾、唐、倪、徐、莫、夏、袁、殷、陶、桂、聂、翁、栗、秦、谌、康、萧、梅、崔、黄、章、龚、曹、盛、彪、游、温、湛、曾、常、傅、谢、蒋、葛、敬、喻、童、彭、程、覃、粟、厥、赖、舒、焦、韩、辜、廉、漆、阙、阁、蓝、蒯、简、詹、鲍、解、雷、楚、鄢、廖、谭、蔺、蔡、慕、管、缪、熊、裴、暨、潘、滕、镏、颜、鲁、黎、樊、薛、操、霍、豫、縻、戴、勤、魏、瞿、酆、司马、欧阳、慕容。

共231姓（含复姓3）。现将各姓氏有源可查的列表如后。[1]

[1] 浏阳县地方志编纂委员会：《浏阳县志·人口》第一章《源流姓氏》，中国城市出版社，1994年。

浏阳姓氏概况表

姓氏	入浏时间	原籍	入浏始祖	聚居地
邓	明宣德时（1426-1435）	江西丰城	金 志	城 关
祝	明正统十三年（1448）		声 远	祝家源
刘	明正统间（1436-1449）		开 一	白 水
贺	明正统间（1436-1449）	平 江	伯 清	石 湾
张	明景泰初（1450）	平 江	万 金	张家山
武	明天顺初（1457）	江 西	宗 礼	龙伏、破石、沙市、杨林、中洲
邱	明天顺间（1457-1464）	江西抚州	常 十	枨冲、韩家港、渡头
张	明成化间（1465-1487）	江西丰城	志洗、志文	永安市
尹	明成化五年（1469）	茶 陵	天 爵	顾 村
黄	明弘治三年（1490）	江西高安	正 文	鸡公岭
陈	明中叶	江西丰城	再 胜	梓江里
黄	明中叶	江西南昌	延 柏	竖溪冲
黄	明中叶	江西萍乡	大 槐	井泉里
张	明中叶	平 江	兴 节	大源洞
凌	明中叶		添 禄	龙伏关山嘴
王	明中叶		宗 兴	花桥、王家源

续表

姓氏	入浏时间	原籍	入浏始祖	聚居地
田	明正德间（1506–1521）	平　江	惟　敬	大江塅
宋	明嘉靖间（1522–1566）	云南定远	朝　玉	龙　潭
饶	明嘉靖间（1522–1566）	长　沙	添　秀	金江、浒山
江	明万历间（1573–1620）	长　沙	启　任	江家垅
龙	明崇祯间（1628–1644）	江西吉安	秋　元	枨　冲
孙	明崇祯十三年（1640）	江西南昌	文　忠	枨　冲
黄	明　末	长　沙	兴　隆	高　田
王	明　末		显　洋	泮　春
蒋	明　末		延　宣	向埠岭
李	明　代	平　江	文　通	三口、六碓
余	明　代	江　西	文家市、石牛潭	
万	明　代	江西抚州	国　八	柏加山
易	三国吴黄武元年（222）	吴郡东仓	万　年	西湖山、古港、沙洲
徐	唐咸通间（860–874）	平　江	托　清	大洛坪、稻田里、小埠港、浅船岭
李	五代后梁开平时（907–911）	江西丰城	迩　昌	淳口、高田
袁	五代后唐同光元年（923）	江西吉安	俊　辅	周　洛

续表

姓氏	入浏时间	原籍	入浏始祖	聚居地
李	五代后唐同光二年（924）		望春	龙伏
于	五代后唐同光二年（924）	江西丰城	元成	于家圾
陈	五代后唐同光二年（924）		信琥	双淳
罗	宋代（960—1279）		荣松	跃龙市
欧	宋代		颐中	永和市
瞿	宋靖康初年（1126）	江西泗州	楚能	龙伏，泰家塅
何	宋建炎二年（1128）	河南淮宁	继甫	赤马、风岭、李家冲、毛田、斑鸠市
王	宋建炎间（1127—1130）	江西	鼎山	杜港、花桥
欧阳	南宋（1127—1279）	江西吉安	安时	青龙头
刘	南宋		锜	西城
戴	南宋	江西南昌	时一	枫林润
黄	南宋	江西洪州	朝行	古港、赤塘
潘	南宋绍兴间（1131—1162）	河南	安庆	珠溪、圳上
汤	南宋淳熙间（1174—1189）		铸	城关、龚家塘
傅	南宋端平三年（1236）	江西丰城	百川	茂田里
唐	南宋咸淳三年（1267）	善化	亲仁	大石岭

续表

姓氏	入浏时间	原籍	入浏始祖	聚居地
胡	南宋咸淳五年（1269）	江西高安	福　二	高　坪
张	南宋德祐初（1275）	江西吉州	霖　汉	南普里
周	南宋末 （1279）	江西修水	遗　祥	古港音浒
朱	元初（1271）	湖　州	华　四	淳　口
邹	元时（1271–1368）	江西丰城	良　旦	托塘、枨冲、 沙湾
罗	元　代		锦　隆	汪罗塅
黎	元　代	四川绵竹	圭	豪兴街、营盘、小水、 浒山
甘	元延祐间（1314–1320）	江西南昌	俭	小　江
沈	元延包祐中	长　沙	宁	龙　伏
黄	元泰定初（1324）	江西丰城	君　洞	洞阳市
罗	元至正元年（1341）	江西吉水	清　山	古港、沔江
游	元至正二年（1342）	江西丰城	正　銮	松山里
刘	元元统初（1333）	江西新昌	南　仲	永安市
刘	元元统初	江西新昌	？	南市街、杨花、枫林、 青草市
刘	元至元中	江西新昌	仲　四	龙　伏
聂	元至元中	江西清江	思　仕	蕉　溪

续表

姓氏	入浏时间	原籍	入浏始祖	聚居地
李	元至正二十三年(1363)	江西丰城	后 昌	龙伏、合什塅
柳	元末(1368)		大 全	?
晏	元 末		以 敬	升 田
涂	元 末	广东镇平	守 中	东门市
焦	元 末	江西南昌	甫	龙伏、焦家桥
田	元 末	平 江	之 风	北盛、龙塘、淳口、押口
唐	元 末	江西万载	彪	唐家塅
周	元 末		子 青	泮 春
潘	明初(1368)	江 西	谷 佳	软桥、太原洞、螺丝陂
高	明 初	江 西	源 华	炉前、枨冲
文	明 初	江 西	铉 朗	
廖	明 初	浙江金华	万 一	白 沙
谭	明 初	江西宜春	福 缘	浦梓港
罗	明 初	江西新建	以 清	太 垅
罗	明 初	平 江	至慧、至清	北盛、卢渚湾
赵	明 初	广 东		柏加山、乌龙

续表

姓氏	入浏时间	原籍	入浏始祖	聚居地
周	明初	江西	万辉	泮春
鲁	明初	江西高安	春旋	新湾
郭	明初	?	江西吉安	中和
胡	明初	江西丰城	均彰	朱陵
孔	明初	平江	靖安	滩头
陈	明初	江西丰城	斌淑	镇头、涧口
陈	明初	江西丰城	贵一	镇头、柏加山、土桥
朱	明初	江西赣州	启凤、启智	永和、朱家口、水口
萧	明初	江西	崇富	北盛、托塘
黄	明初	江西南丰	俊光	春坪
江	明初	江西上高	与恭、与敬、与尧	净溪桥、江家冲、塘田市
雷	明初	江西丰城	仁叔	永安、集里、河桥、牛石
彭	明初	江西		柏加山、镇头、渡头、土桥
傅	明初	江西丰城	宗股	普迹、花园
张	明初	广东梅县	化松	肠谷坡、孙家坡、七级坳、文家市
尹	明洪武二年（1369）	茶陵	智高	镇头、麻田、尹家湾

续表

姓氏	入浏时间	原籍	入浏始祖	聚居地
夏	明洪武二年（1369）	江西高安	贤 周	萍乡鸡冠山，浏阳南乡、西乡
赵	明洪武二年（1369）	江西修水	德 修	柏加山、石牛塘、南湖洲
黄	明洪武三年（1370）	江西丰城	万 禄	月弦山
黄	明洪武间	广西修仁	惟 国	道 岸
黄	明洪武间	江 西	应 元	鸡婆冲
罗	明洪武间	江 西	震 松	化龙桥
何	明洪武间	江西南昌	清 江	何家园
任	明洪武间	江 西	彦真、彦良	乌龙、香宝冲、义头尖
任	明洪武间	江西	彦 高	乌龙大冲
张	明洪武间	江西丰城	廉	连三湾
张	明洪武间	平 江	贵 光	张潭陂
张	明洪武间	江西南昌	贤 三	燕舞洲
张	明洪武间	江西铜鼓		张 坊
贝	明洪武末（1398）	四 川	万 福	船 仓
孙	明永乐初	江西吉州	应 道	浒澌塅
李	明永乐间（1403-1424）	江西丰城	伯 萱	黄师庵

续表

姓氏	入浏时间	原籍	入浏始祖	聚居地
彭	明永乐八年（1410）	长 沙		北盛、卢渚湾
黄	明 代	湖北武昌	碧 湖	傅家冲
黄	明 代	长 沙	友 琦	官 桥
谭	明 代	长 沙	逢 琦	城关梅花巷
吴	清代初年	江西南丰	泰甫、兴甫	城关、东门市
何	清代初年	江西金溪	应 清	太平桥、社冲
黄	清代初年	广东平远	天 彩	
刘	清代初年	广东大埔	士 机	白 沙
刘	清代初年	广东平远	文 芳	赵 湾
李	清代初年	福建汀州	火 德	城关、龚家塘
王	清代初年		震 伯	金江、大水市
郑	清康熙初年	广 东	士成、士读	高坪、大溪
郑	清康熙初年	广 东	士展、士才	路西塅、小江口
陈	清康熙初年		淑 达	城 关
李	清康熙初年	广东兴宁	廷 运	鸡毛冲、三层岭
李	清康熙间（1662-1722）	江西瑞金		东门市、白沙

续表

姓氏	入浏时间	原籍	入浏始祖	聚居地
余	清康熙间	长　沙	宪　章	枫树坡
叶	清康熙间	广东龙川	起　旦	中和、傅家湾
刘	清康熙间		开　元	晏家滩
黄	清康熙间	广东龙川	可　尊	文家市
黄	清康熙间	江西南丰	愈　古	跨马塘、黄泥坳
黄	清康熙间	广东长乐	芳　麒	何家坊、青草市、查家冲
黄	清康熙间	广东平远	九　贤	长峰冲
黄	清康熙间	广东平远	惟　第	茅　园
黄	清康熙间	广东平远	荣　光	花园、佛岭背、天子湾
黄	清康熙间	广东平远	尚　奇	南边塅
黄	清康熙间	广东平远	共　哲	施家塘
黄	清康熙间	广东和平	挹	镜　山
黄	清康熙间	广东兴宁	衮　麒	棉布庵
黄	清康熙间	广东兴宁	玉　光	石鼓山、云雾冲
李	清康熙间	广东长乐	子　英	蔡家山、园方市
冷	清康熙间	广东兴宁	泳　沂	东门市

续表

姓氏	入浏时间	原籍	入浏始祖	聚居地
罗	清康熙间	广东兴宁	贤　生	朱家坪
许	清康熙间	江　西	高　场	镇头、柏加、官桥
许	清康熙间	广　东		中和、雅山村
何	清康熙间		明攀、明跃	三　门
郑	清康熙间	广　东	芳　杰	炉烟洞
郑	清康熙间	广　东	邦典、邦善	小　溪
郑	清康熙间	广　东	士友、士恭	小　溪
郑	清康熙间	广　东	元伯、元音	上　洪
郑	清康熙间	广　东	永　洸	上　洪
郑	清康熙间	广　东	兆　鲁	上　洪
周	清康熙间	广东平远	邦巽、邦松	东门市
周	清康熙间	广东平远	邦　宰	东门市
郑	清康熙间	广　东	奇勋、奇职	烂泥湖
胡	清康熙间	江　西	华　林	中和、西岭下、永和
胡	清康熙间	江　西		澄潭江、石湾
郑	清康熙三十年（1691）	广东平远	日　桂	浒　山

续表

姓氏	入浏时间	原籍	入浏始祖	聚居地
郑	清雍正间（1723–1735）	广 东	子 受	小 溪
张	清雍正间	长 沙	汉 周	枫树坡
吴	清乾隆间（1736–1795）	江西吉安	崇 叟	慈姑尖
黄	清乾隆间	江西南昌	一 盛	城关朝阳街
谢	清乾隆间	福建建宁	庶 吉	荷花、牛石
郑	清嘉庆间（1796–1820）	江西抚州	朝 训	城 北
吕	清咸丰间（1851–1861）	江西丰城		城关、淳口、蕉溪
谢	清同治五年（1866）	江 西		柏加山
吕	清 末	江西吉安	文 昌	百宜轩、大埠岭
张	清 代	长 沙		葛家园、袁家冲
黎	清 代	江西临川		城关、达浒
黎	清 代	江 西		乌龙桃花垅
戴	清 代	长 沙	福 临	枫树坡
杜	清 代	广东梅县	文 久	中和、杜家湾
杨	清 代	江西丰城	源亨	大路、关山
张	清 代	福 建	化 千	杨花大瑶、金刚

第五章

革命先声

——旧民主主义革命时期的浏阳（1840—1919）

一群湖南人，半部近代史，这句话可以说是近代湖南的写照。从殷商甲骨文算起中国有确切文字记载的历史长达3000年，湖南偏居内陆、既无江浙经济之利又无京师王权之便，正如晚清湘籍学者王闿运在《湘军志·湖南防守篇》中所言“湖南自郡县以来，曾未尝先天下”，既没有发生可以影响全国的大事，更没有出现过很多可以领袖和号召全国的人才。晚清湘籍学者皮锡瑞著《师伏堂未刊日记》亦言：“湖南人物罕见史传，三国时如蒋琬者，只一二人。唐开科三百年，长沙刘蜕始举进士，时谓之破天荒。”如周敦颐般大师级人物更是凤毛麟角。真正属于湖南崛起的时间只有余下的不到200年，然而就是凭借这短短的一百多年，湖南一跃而起、成就非凡，一时间湘籍伟人辈出、叱咤风云，甚至超越北京、江浙等传统人才中心，成为影响中国命运的关键力量。在影响中国近代的一批湖南人中，浏阳就占了谭嗣同、唐才常、焦达峰等三位。浏阳，在中国近代史上因为他们的突出作为而占有了非常重要的地位。

第一节

风云之际

——近代浏阳社会状况

18 世纪、19 世纪之交，清王朝统治开始由盛转衰。而此时处于上升时期的西方资本主义国家，相继把开拓商品市场和原材料产地的目光转向了这东方古老的封建帝国。商品、鸦片、传教士都在叩击着文明古国的大门，一场社会的巨大冲突和变局正在清王朝闭关锁国的狂妄虚骄中悄然逼近。1840 年的鸦片战争，正是这种历史发展的必然结果。鸦片战争后，中国开始沦为半殖民地半封建社会，进入了近代时期。作为靠近省会长沙的湘东大县，浏阳在由传统社会向近代社会转换并走向现代社会的过程中发生着巨大变化。道光三十年（1850）十二月，洪秀全在广西桂平金田村举事，历时 14 年的太平天国运动爆发，这一运动蔓延至浏阳并在浏阳产生了深刻影响。而后一批思想先进和学识渊博的浏阳先贤开始了思想启智，推动了变法救国先驱谭嗣同和唐才常的维新救国实践，而近代浏阳人无论在宪政改革还是辛亥革命中均发挥了重要作用，古老的浏阳社会也在这些运动和变革中开始大步向前。

1. 近代浏阳的建制沿革、行政区划和人口状况

康熙三年（1664），清朝廷“以偏沅巡抚驻长沙，又移湖广右布政使司于长沙，分治湖南。改湖广巡抚为湖北巡抚，与左布政使司仍驻武昌”。[1]因此，历史上一般把清康熙三年作为湖南建省的开始年代。湖南建省后，偏沅巡抚和湖广右布政使司均驻长沙，因此长沙也正式成为湖南省的省会。雍正元年（1723），改湖广右布政使为湖南布政使，次年，又将偏沅巡抚易名为湖南巡抚。湖南巡抚管辖 9 府、4 直隶州，即长沙府、宝庆府、岳州府、常德府、衡州府、永州府、辰州府、沅州府、永顺府和澧州、郴州、靖州、桂阳州。清康熙至乾隆年间，相继在各省设立具有监察职能、兼理各类民政事务的道一级机构，大抵以布政使司左右参政、参议兼理，管理钱粮者称分守道；以按察使司副使、佥事兼理，督理刑名者称分巡道。乾隆十八年（1753），各道官员不再由布、按二司的佐吏兼任，取消了参政、参议、副使、佥事等名称，只称道员（即守道、巡道），皆为正四品。于是，

①张廷玉等：《清朝文献通考》卷二百八十四《舆地考》十二，浙江古籍出版社，2000 年。

道员由兼衔变为了实官，道也变成了介于省和府之间的一级行政机构；另外还设立一些负责地方专门事务的道，如盐法道、粮储道等，清末新政期间又设立巡警道和劝业道等。湖南省先后设立4道，即长宝道、岳常澧道、辰沅永靖道、衡永郴桂道；衡永郴桂道为分守道，其余均为分巡道。其中长宝道辖长沙和宝庆两府。雍正十二年，湖南分设驿盐道、粮储道，以驿盐道兼管长沙、宝庆两府政事，治所长沙。乾隆四十四年，将驿盐道改名为盐法长宝道。至清末，湖南行政区域基本固定下来，计有4道、9府、5直隶厅、68县（散州、散厅），长沙府作为湖南省的省会和盐法长宝道的治所，下辖11县、1州，即长沙、善化、湘潭、湘阴、湘乡、宁乡、益阳、浏阳、安化、醴陵、攸县和茶陵州。从1840年鸦片战争爆发到辛亥革命后清王朝覆灭，浏阳的行政隶属关系和行政建制就处在这样一个管理框架下，基本上没有发生大的变化。

民国初年，全国各省的地方区划，基本上沿袭清制，但稍后废长沙等9府，省县之间恢复设道，全省初设长宝、衡永郴桂、岳常澧、辰沅永靖4道，后分别更名为湘江、衡阳、武陵和辰沅4道，其中浏阳先后属于长宝道和湘江道。民国二十五年（1936）一月，湖南省政府将行政督察区在全省推行，分全省为9区，至民国二十七年，分为10区，每区设专署，其中第一区专署先驻浏阳县，后迁驻岳阳县，辖浏阳、长沙、醴陵、湘潭、平江、湘阴、岳阳、临湘8县。

在基层管理上，从宋元开始至清中叶，浏阳和全国大部分地方一样，实行都甲制，开始时，都甲的区域比较明显，后来主要用于田赋。清咸丰年间，为防御太平军，推行团练制。至同治元年（1862），团的设置更趋完善。尔后逐渐由兵防性组织取代行政区划，一直沿用到民国前期。其制，10户为一牌，若干牌为一社（或称境），设社长；若干社为一小团，若干小团为一大团，全县共设21个大团、292个小团。小团和牌之间，还有保甲的设置。当时，保甲法仅推行于边隘地区，因此，同治七年时全县只有保正121人，尚不及小团总数的一半。

大团名称及大致辖境如下：中立大团辖今淮川全部及原关口、荷花、集里三个乡一部，上东大团辖今大围山镇全部，陈坊大团辖原张坊区全部及升平乡一部，达浒大团辖原达浒镇全部及官渡镇一部，永和大团辖原永和镇、大光乡、沿溪乡全部及官渡镇大部，古港大团辖今古港镇及原三口、宝盖、溪江三乡，高坪大团辖原高坪、船仓、石湾、杨潭四乡，枫林大团辖原澄潭江、山下、大圣、牛石等乡及大瑶乡一部，大瑶大团辖原大瑶镇大部，金刚大团辖原金刚、杨花两乡，里仁大团辖原文家市区各乡，冲和大团辖原枨冲、青草、太平桥等乡及葛家乡一部，普安大团辖原普迹、金江、官桥等乡及葛家乡一部，镇西大团辖原镇头、跃龙、柏加、北星等乡，蕉溪大团辖原蕉溪、砰山、淳口等乡及洞阳乡一部，永安大团辖原永安镇及丰裕乡一部，北盛大团辖原北盛、乌龙两乡及洞阳、丰裕、秀山三乡的一部，沙市大团辖原沙市、赤马两乡及秀山乡大部，全吉大团辖原山田、路口、泮春三乡，绥和大团辖今龙伏镇，莲溪大团辖原社港、大洛两乡。

民国前期，主要沿用清代团的区划，大团如旧，小团则屡有变动。民国元年（1912），就21个大团的范围设立城、镇、乡，计城1（中立）、镇7（古港、永和、张坊、枫林、振西、普安、冲和）、乡13（其余大团其下仍称小团）。次年又撤城、镇、乡，恢复大团。民国五年，大团全部改为镇，小团全部改为乡，以镇辖乡。十四年，又于乡下设保甲，保甲以下设闾、邻。

从1840年至1919年的近代这段时间是浏阳人口增长最快的时期。浏阳人口在明初已经达到7.1万余人，但后来因为深受堕粮之苦达370余年，人丁增长缓慢，康熙元年（1662）时人口仅为80930人，直到乾隆四年（1739）核减浏阳田赋以后，战争平息，外逃人口重返家园，加上外来移民纷纷迁入，人口开始出现大幅增长。咸丰十年（1860），浏阳人口为297795人；同治七年（1868），浏阳人口为312651人；光绪三十三年（1907），迅速增长至793586人。[1]辛亥革命之后，民国元年（1912）时约为80万人，之后人口继续不断增长，到民国六年达到高峰，为878936人。此后民国及国民党治理期间人口又出现逐渐减少，至浏阳解放时，仅为775000人。

[1]黄征：《浏阳乡土志》卷五《户口》，光绪丁未版。

2. 浏阳及其所在长沙地区的近代变局

鸦片战争开始了中国半殖民地半封建社会的历史进程。虽然，从长沙岳麓书院走出去的湖南学子魏源在鸦片战争后提出了“师夷长技以制夷”的命题，但是，有着悠久历史传统的长沙似乎还没有马上从鸦片战争的炮火中读出旧制度的危机和新变局的信息。鸦片战争后的五口通商和第二次鸦片战争后的十口通商，特别是汉口的开埠，导致了通商路线的改变。长沙地区的经济和社会也随之发生微妙的变化，以浏阳鞭炮、夏布等为代表的特色商品的对外贸易开始使长沙地区民族经济得到发展壮大，但长沙的士民并没有意识到要在“千古未有之变局”中抢占先机。1851 年发生在邻省广西金田村的太平天国起义给了湖南特别是长沙一个在全国展示自己的机遇。曾国藩在长沙首创湘军，并以长沙为基地，向太平天国发起了长达十余年之久的征战，最终镇压了太平天国起义。湘军的胜利，不仅挽救了清王朝，还开创了“同治中兴”这一新的历史阶段。

湘军镇压太平天国的成功，在湖南激起了一种弥久日盛的“湘军情结”，使它的卫道精神得到了湖南士人的广泛认同，产生了回归传统的心理趋向，而重修地方志、扩建学校书院、建立湘军阵亡将士的专祠等一系列行动，更大大强化了湖南的传统观念和传统意识，以致招来“湖南以守旧闻天下”的名声。

1894 年发生的中日甲午战争以中国的惨败结束。由于湘军在辽东的溃败，湖南士民受到了比其他省份的士民更深的刺激，当长沙士民从湘军昔日辉煌的美梦中惊醒时，他们开始将自责转变为改变现实的动力。在以陈宝箴为首具有维新思想的省政官员和以谭嗣同、唐才常、熊希龄、皮锡瑞为代表的维新派士绅的积极推动下，湖南兴起了一系列新政。长沙作为湖南维新运动的中心，在经济上创办了一系列新式企业和近代交通运输事业；在文化上创办《湘学报》《湘报》和南学会、时务学堂等新式的文化教育机构；在政治上创办保卫局、课吏馆和新式军队。长沙成为了维新运动时期全国开办新政最多，也是思想最为活跃的城市之一。在维新派士绅积极推进新政时，守旧派与曾一度参与新政的洋务派士绅结成同盟，向维新派发起攻击，最终导致长沙维新运动在全国维新运动进入高潮时就过早地夭折了。而浏阳人谭嗣同作为“戊戌六君子”之一，更是以他的鲜血和生命发出了维新派“有心杀贼，无力回天”的仰天长叹，成为大清帝国夜空的一颗闪亮的彗星，划破了长夜的黑暗。谭嗣同的好友、浏阳人唐才常和一群湖南志士于 1900 年发起自立军起义，虽然被镇压，但自立军起义成为了维新运动向革命运动转化的一个标志，虽然湖南维新运动失败了，但谭、唐二杰以自己的鲜血深深启迪了国人的救国觉醒。

湖南维新运动虽然失败了，但维新的精神成果却被继承下来。1901 年，清政府开始实施“新政”，长沙也开始了新的政治、经济和文化教育方面的改革。1904 年长沙的开埠是长沙近代历史上一个具有重要意义的事件。长沙开埠，使长沙成为了湖南区域经济中心、外贸中心和航运中心。浏阳因为特产众多，在资本主义萌芽中逐渐成长为对外贸易的生力军，作为湖南优秀特产的浏阳鞭炮、夏布、豆豉、菊花石等驰名中外，不断进入国内和国际市场。

湖南时务学堂总理及教习合影

同时，谭嗣同、唐才常的维新救国实践以及为此作出的壮烈牺牲，进一步唤醒了浏阳人通过改革改造社会的强烈愿望和满腔热血。1906年，以浏阳人龚春台、姜守旦和醴陵会党领袖李金其、安源矿工领袖肖克昌等为首组织的萍浏醴起义，虽然悲壮失败，但是动摇了清帝国的腐朽统治，成为了辛亥革命的前奏曲。

1911年10月10日，当武昌起义打响反对清王朝的第一枪时，长沙成为了最先响应的城市，浏阳人焦达峰和陈作新成为了武昌起义长沙首应的指挥者，并担任了民主共和之后湖南首任都督和副都督。

辛亥革命后，革命派和立宪派在长沙进行了激烈的争夺。湖南军政府在政治、经济和文化教育方面进行了一系列改革，使长沙地区的资本主义经济、文化得到了进一步发展。随着长沙资本主义经济文化的发展，资产阶级的力量也有所增长。长沙的各派政治力量以政党和社团的形式展开了一系列斗争，长沙地区的思想文化领域也呈现出空前活跃的局面。新旧思想在长沙展开了激烈的斗争。这种斗争既反映了辛亥革命后新旧社会转换带来的思想困惑，同时也预示着新的社会力量和社会思潮的产生。正是在这种新旧思想的激烈斗争中，以毛泽东为代表的包括浏阳人罗章龙、陈昌等人在内的新文化知识分子，开始在长沙地区对改造中国和世界的根本问题进行深入的思考，使早期新文化运动在包括浏阳在内的长沙地区得以传播兴起，预示着一个新的历史时期即将到来。

第二节

义旗高举

——浏阳征义堂起义与太平军进攻浏阳

浏阳历来民风彪悍，富有反抗斗争精神，浏阳人民从来都不屈服于压迫和剥削。明代中叶，马保、李大蛮和许长、傅长先后发起两次农民起义；清末又有周国虞等秘密组织征义堂高举义旗，接应太平军南下，一时声威远震。尽管太平军未能入浏，征义堂孤军作战而败，701 名壮士牺牲于清廷屠刀之下，但周国虞等人不屈服于奴役和压迫，敢于揭竿而起，充分彰显了浏阳人的独特个性和勇武精神。

1. 征义堂起义

晚清太平天国进攻长沙期间，长沙地区以浏阳周国虞组织的“征义堂”起事势力最强、规模最大。周国虞，浏阳县三口人，曾捐从九品职衔。其先祖是南明弘光朝大学士、兵部尚书史可法的贴身侍卫周天赐。明朝灭亡后，周天赐隐居湖南浏阳，以反清复明为己任。其后代子孙恪遵祖训，不忘反清复明之业。周国虞及弟周国贤从小读书习武，广交四方朋友，图谋大事。一次偶然机会，周国虞结识了天地会首领罗大纲。罗大纲带领周氏兄弟拜见了天地会大头领洪大全。于是，周氏兄弟参加了天地会，周国虞成了天地会在浏阳的首领。周国虞回到浏阳后，于道光十四年（1834）以赛社的形式，酬钱会饮，创设了天地会在浏阳的组织机构——征义堂。征义堂明里布仁施义，广结良缘，暗里发展会众，鼓吹反清复明，贫苦百姓纷纷参加，会众很快发展到数千人。

19 世纪中叶的中国社会，战争与灾荒不断，天灾与人祸并至。严重的社会危机，必然激起人民反抗，于是各地会党相继出现并活动频繁。地方当局为防止和镇压会党与不满群众的反抗，举办团练。1842 年，周国虞利用湖北钟人杰起义军攻入邻县平江之机，以“保卫身家”“防寇”为名，与邓万发、曾世珍等人一起，创办团练，联络村民，制造器械，使征义堂成为一个合法的武装组织。征义堂取得合法地位后，势力日渐强大。在当地劣绅与贫民的纠纷和冲突中，征义堂对贫民严加保护，渐至发生械斗，“藐不畏法”，遭到劣绅的强烈忌恨。劣绅告于官府，湖广总督裕泰以周国虞等人“结党”图谋不轨为口实，派员会同浏阳知县赵光裕查办，将周国虞逮捕审讯，因未发现为“匪”实迹，只得释放。但官府对征义堂已起了疑心，勒令周国虞解散征义堂组织，收缴兵器，将征义堂改名为“启蒙义学”，成为当地集资办学的组织。征义堂受到了严重的挫折。

道光末年，湖南连年遭受严重的自然灾害，社会动荡不安，民变事件连绵不断，征义堂成员又开始恢复活动。咸丰二年（1852），当太平军向湖南进军时，清朝政府明令各地加紧办团练。周国虞抓住这个机会，以举办团练的名义，又公开复兴征义堂，人数迅速发展到2万余人，分设新、老堂18处，派朱联石等人管带。征义堂成为浏阳县最强的民间武装，其势力甚至扩张到官府的抚院、司、道、府、县各衙门里，为官绅势力所侧目。当地官绅虽然担心征义堂久后必起事，但惮于征义堂人多势众，不敢贸然兵戈相向，只好采取缓和的手段羁縻征义堂，使不骤生变故，等待时机进行镇压。

征义堂的活动，不仅为湖南官方所注目，也引起了太平天国领导人的重视。太平军进攻长沙时，曾派李亨通、唐李仁为密使，到浏阳会见周国虞，策动征义堂助攻长沙。周国虞与部下商量后，同意聚众响应，赴长沙参加太平军，让唐、李二人先行回长沙复信。当唐、李二人行至狮山书院时，不慎被东乡团总王应苹所督团丁抓获，周国虞给太平军的密函也落入其手。王应苹欲将李、唐二人械送县城，并加罪于周国虞。周国虞闻讯，立即派邓万发、曾国珍等16人前往营救，杀王应苹，查抄其家，烧毁狮山书院，救出李亨通和唐李仁。由于事机泄露，各乡团练又以王应苹事而与征义堂为仇，各地团练捕杀征义堂成员的事件相继发生。征义堂决定袭击东门踏浒团，进行反击。他们派前队60人先期潜伏于黎树标家中，因被东门劣绅涂先声侦悉，遣团丁500人将黎树标房屋围困，60名堂众全部被杀，峰田、大坳等村准备呼应的人也相继被杀。在这种情况下，征义堂便不能按约起兵参加太平军攻打长沙，只得把注意力放在加强自卫设防方面。征义堂以栗田、三口、高浒等地为主要据点，积极扩充实力，加强屯粮练兵，以对付地方团练的攻击。当征义堂与地方团练的斗争日趋尖锐的时候，地方劣绅分赴长沙、江西、湖北状告征义堂谋反，甚至运动湖南籍京官上奏清廷。浏阳籍编修邹焌杰上密疏，叩请皇帝“命湖南巡抚密讨此贼，使骤不及备”。[1]咸丰二年十一月十九日（1852年12月29日），清政府命罗绕典、张亮基“严密访查、设法妥办，总期消患未萌，勿致激成事

①《清实录》四十《文宗实录》（1），中华书局影印本，第995页。

端，转与大股逆匪勾结为患”。[1]十二月初一日（1853年1月9日），又谕巡抚张亮基“督饬各地方官酌量情形密速查办。有须发兵剿办者，分别办理，准其便宜从事，一切不为遥制”。[2]张亮基接到谕旨后，起初也担心征义堂势大，一旦用兵失利，更难于收拾，因此犹豫不决。他的幕僚左宗棠认为征义堂离长沙近在咫尺，是个很大的隐患，坚决主张镇压，促使张亮基改变态度，断然采取左宗棠之策。湖南当局策划镇压征义堂，是在极为秘密的情况下进行的，“通省司道以下无一知道”。此时，太平军已经出境，巴陵晏仲武起义也被镇压，张亮基便令江忠源回军浏阳，围攻征义堂。十二月，江忠源按左宗棠所授进兵方略，以搜捕巴陵晏仲武余党为名，经平江小路进驻浏阳，在县城东门外冯家山构筑工事，布置就绪，才张贴告示，亮出镇压征义堂的旗号。此时，布政使潘铎、浏阳知县赵光裕，均认为兵力单薄，不可用兵。张亮基亦有犹疑，但在左宗棠的力持下，还是命令江忠源急速进兵，并调清军总兵经文岱带500人驰往浏阳增援。周国虞得到消息，立即宣布武装起义，奉白旗，大书“官逼民反”。十二月十八日（1853年1月26日），出兵3000余人，分三路进攻清军。左路出詹家岭，直逼清营；右队出乌立树；第三队进攻县城，为伏军所困，教头张大武率军力战，连砍数人，终因四面受敌而失败。其余两军亦退。义军退至古港，分六队扼守三平洞、三口等处。张亮基派总兵经文岱防堵芦洞十八盘，浏阳、平江团勇数千，亦协同防堵各处要隘，周国虞义军陷于重围。十二月二十三日（1月31日），江忠源进占古港，义军曾世珍、邓万发等拒战不利，退守三平洞，继续坚持战斗，至十二月三十日（2月7日）损失殆尽而告失败。

征义堂组织活动十余年，又响应太平军发动了声势浩大的反清起义。在这次起义中，征义堂有700余人战死，670余人被俘。征义堂领导人周国虞和邓万发分别逃往汉阳和澧州，先后被捕遇难。

响应太平天国运动的周国虞起义虽然被镇压下去，但反抗清政府的火焰并没有在浏阳熄灭。清同治六年（1867），浏东哥老会首领姜守东、红教会首领张以喜因一直在暗中准备起事反抗清廷，听闻江西缉捕会党，浏阳也有人告密，知道再无法隐蔽，遂于五月初七聚众于达浒姜卢墩起义，劫富济贫，惩办豪绅。知县王汝惺闻报后，即令驻达浒的上东团、驻观音塘的南边团合围“进剿”。湖南巡抚刘坤一也派总兵于高胜率兵500星夜赶来弹压。张、姜闻讯，率部夜越大洞岭，转移到张家坊。南边团勇100

①《清实录》四十·文宗实录》(1)，中华书局影印本，第1024页。

②《清实录》四十·文宗实录》(1)，中华书局影印本，第1024页。

余人尾追而至，姜守东应战，杀死团总谢长隆，余敌皆惊退。后因张家坊团勇赶来，张、姜为保存实力，避往江西万载的深山老林。十二月，张以喜自江西宜春万年山回浏阳突石（今人溪突石村）与高三桂共襄义举。张家坊、陈家坊团勇配合清兵进攻突石，义军力战，杀死团绅张文庆。终因寡不敌众，败逃江西，清兵将突石一带房屋烧毁，旋跟踪追击，捕杀张以喜、高三桂。

张、高遇难后，文家市黄教会、西乡堕栗坪和普迹等地哥老会相继发难，尤以普迹哥老会声势较大，一度占领官桥、普迹、镇头等集镇，威逼县城。但不久均被清兵、团勇击败，首领邱志儒等全部被害。

2. 太平军进攻浏阳

太平天国运动期间，太平军在1855年至1857年曾多次进攻浏阳，但均被浏阳团练击退，浏阳团练成为了长沙地区堵御太平军的主要力量。他们配合清军，多次参与堵御太平军的军事行动，且发挥了重要作用。

1853年（咸丰三年），太平军东征，进入江西，并分兵进入与浏阳相邻的义宁等地。浏阳县东南一带地方团练，出动数千人，分驻各要地，抵御太平军。县南士绅也积极要求筑铁山、东峰、渠城诸关，以防太平军。浏阳地方团练与太平军战事爆发在1855—1857年间。1855年（咸丰五年）夏，太平军攻破义宁，浏阳诸团集勇守隘，捕杀太平军游勇数人。此时翼王石达开所率太平军活动于临、袁、吉、瑞一带，清朝地方当局遣守备杨虎臣诸军戍县南隘，同时令浏阳县东诸团练武装增兵防守。这年十二月，太平军连陷袁州萍乡、义宁，环逼浏阳，江西毗邻浏阳的州县多被太平军占领。进入义宁的太平军占据铜鼓营，进入万载的太平军占据大桥，直逼浏阳，浏阳县东南告急。1856年春，太平军自大桥南进上界岭，修筑营垒，被浏阳团练武装击溃。次年正月十三日，陈坊、张坊团丁追击太平军至小源，擒获太平军4人。占据铜鼓营的太平军东向袭击横山、上庄两隘，时浏阳团练武装东门踏浒团丁及团绅某谟字营勇北守上庄，白沙诸团团丁南守横山。二月十六日，太平军进攻上庄，被守军击退。是日太平军突自界东之紫草坪、相见湾，分队攻横山，放火焚烧上庄营。地方团练武装顽强阻击，太平军牺牲将士数十人。二月二十三日，陈坊团练又配合驻守虎坳的清军，打退进攻铁树关、火双坑等村的太平军。三月，训导丁际可以靖营驻铁树关。

二十三日，太平军发起进攻，遭到丁际可部的阻击。乡守团绅某等率团练继出，追至义宁排埠。四月二十三日，驻守横山的团练吃早饭时，太平军骤遇上庄而力攻横山。横山团练据高垒炮击太平军，太平军伤亡颇重。中午，太平军进攻守军营垒尤为激烈。上庄团练10人潜出林木间，仰高炮击太平军，太平军被击退。此时其他各路团练援军亦至，与守军合力向北追击太平军十多里，俘获太平军5人，杀太平军甚众。五月初，太平军进攻浏阳东界，浏阳团练武装与江西清军联合，攻克铜鼓，并协剿至宁州、大段诸村。至此，太平军从东南方向进攻浏阳皆被挫败。五月十五日，受挫的湖北太平军余部从平江转而进攻浏阳，过大蚕岭入高升桥诸村，打到了浏阳县城附近。知县袁青绶急募30人扼蕉溪岭，“张帜疑贼，夜设炬轰炮”。第二天，太平军从县西撤退，由普迹入醴陵道，离开浏阳。至此，浏阳的危险才被解除。此次战事，浏阳出动团丁四五千名，大小战事达八次之多，以军功得奖者200余人，请祀昭忠祠者600余人。

1861年（咸丰十一年），太平军忠王李秀成部进入江西，大股据新昌、上高间。当时长沙、岳州均戒严，太平军自新昌进入排埠。四月十日，太平军想进攻铁树关及上庄，因浏阳团练在上庄、横山设守，太平军未能按计划攻入铁树关和上庄。同日，太平军入近界寒婆坳、紫草坪、统坊诸村，当地团练团丁列队防守，太平军只得退去。知县张景垣旋令团绅某修筑上庄营垒，加强防守。此次太平军攻浏，浏阳地方团练先后出动达4000人，成为堵御太平军的主要力量。

第三节

乡贤蔚起

——晚清浏阳先贤的思想启智

长沙被誉为“潇湘洙泗”，是堪与孔孟之乡比肩，传承儒家学脉的地方，历来是中国思潮变迁的大本营。屈原、贾谊、杜甫等文化巨匠都曾“一为迁客去长沙”。以岳麓书院为文化据点，长沙早在宋明时期就成为全国各种学术交流和文化交融的重要场所，是湖湘文化中心，又是程朱理学和陆王心学的重要发祥地。周敦颐、二程之后，胡安国、胡宏父子创立湖湘学派，胡宏弟子张栻主持岳麓书院开坛讲学，朱熹两次从福建到长沙“朱张会讲”，在中国思想史、教育史上产生了深远影响。

与长沙近在咫尺的浏阳，除了地理上与长沙之地星野同轨，思想文化上也深受省会长沙的影响。作为一个移民城市，形成了熔炉文化的浏阳，一方面拥有自强不息、敢为人先、血性勇武的精神人格，另一方面又具有湖湘文化中经世致用、思索前行的行动特质。近代以降，尤其是太平天国运动后，面对洋务运动失败和中日甲午战争失利的危局，在对国家命运和家国前途的探索实践中，一批浏阳士子和乡贤如群星闪耀，推动维新改革的思想启智。如始创浏阳洞溪书院（文昌祠义学）的浏阳张家坊例贡生张良赞夫妇和创办围山书院的涂启先，谭嗣同的老师欧阳中鹄，被称为“民国先觉”的谭嗣同及其夫人李闰，谭嗣同的好友唐才常、刘善涵以及创办长沙《大公报》并在民初担任过湖南省都督的刘人熙等，无不为浏阳的思想启智做出过划时代的贡献。

洞溪书院位于浏阳县东张家坊，始创于道光年间，完全由乡村捐资自办。洞溪书院经咸丰、同治、光绪三朝，历时 70 余年，培养了不少优秀人才。洞溪书院的前身是浏阳张家坊例贡生张良赞于道光二十年（1840）费资 4000 金兴办的文昌祠义学。道光二十七年，张良赞逝世，夫人遵其遗嘱，召集众人商议，将家塾屋并田一百余亩约钱八千缗捐做书院，推举乡贤张祖德、李元善经理，并呈知县萧品三，将义学改为书院，取名“洞溪书院”。经过几年的筹备，书院于咸丰二年（1852）正式开馆，延聘浏阳西乡举人熊冲之主讲。乡人奔走相告，远近士子纷纷聚集书院就读，竟使斋舍一时容纳不下。乡人办学热情高涨，决意扩大斋舍，乃发起募捐。是时正值年岁丰稔，乡人捐资非常踊跃，数年间共募得白银 17000 余两，捐资办学之风一直延续到同治年间。同治四年（1865），张昌芾、李元善各垫月钱1000多缗，垫千缗以下者还有不少人士。同治八年，浏阳知县盛赓乐带头捐资百金，乡绅富户竞相仿效，捐款十分可观。洞溪书院用这笔捐款新建了文昌阁、圣殿、讲堂、厅堂、斋舍40间。左厢3间名存意斋，为书院藏书处。至此，洞溪书院规模始定，成为可与省城长沙诸书院媲美的学府。

洞溪书院虽系乡村自办，但学规严明，教学方法十分讲究，而且历任院长均系知名学者，如三中副榜的浏阳西乡举人、浏阳文庙的著名乐师邱庆诰，长于诗文词赋，著有《云卧山庄诗钞》《云卧山庄尺牍稿》的大学者郭崑焘（郭嵩焘之弟），先后掌教过南台书院、狮山书院、文华书院的长沙府著名经学大师袁懋森，都在咸同年间先后主讲于洞溪书院。光绪末年，省城长沙废书院、办学堂渐成风气，洞溪书院也改成了学堂。正因为张良赞夫妇的良好开端，无数乡贤士子共同努力，终于将洞溪书院建设成为了长沙地区最有代表性的书院之一，为乡村教育启智做出了不朽业绩。

清末大围山下的教育乡贤，还有一位就是位于大围山西麓的涂启先（张良赞在张家坊，位于大围山东麓）。涂启先（1834—1900），字舜臣，东门都佳塅人，学养深厚，推崇船山学说，赞赏务实精神。他忧国忧民，但无意仕途，多次辞官不做，一心专注于教育，以办学唤醒民众。他曾在南台书院和岳麓书院教学，与欧阳中鹄深交，也是谭嗣同的老师。戊戌维新时期积极支持谭嗣同兴办浏阳算学社，并主持县立小学堂。

惊闻谭嗣同就义后，为改变愚昧落后的乡风民俗，涂启先以年迈之躯，毅然倡建“围山书院”。在他带动下，当地乡绅踊跃捐资，于1898年春破土动工。书院建成后他依然彻夜操劳书院事务，步行百里请教师，染病成疾，弥留之际仍然嘱咐家里人继承自己办书院之遗志。围山书院惠及乡民，为国家和民族培养了众多优秀人才。

提到晚清浏阳思想启智，最绕不开的当然是谭嗣同夫妇和他的老师欧阳中鹄，以及谭嗣同的同窗好友唐才常。欧阳中鹄（1849—1911），字节吾，号瓣姜。道光二十九年（1849）生。祖居浏阳普迹青龙头，后迁到浏阳县城营盘巷。欧阳中鹄于同治十二年（1873）中举，第二年考授内阁中书，受户部主事谭继洵之聘，教其子嗣襄、嗣同。光绪九年（1883），欧阳中鹄进京参加会试未中，返回故里后，谭嗣同、唐才常又拜其门下就读。欧阳中鹄知识渊博，充任过很多名人政要的幕僚、担任过众多青年才俊的塾师。谭嗣同称其学问“实能出风入雅，振前贤未坠之绪”。

欧阳中鹄推崇变革，曾发表“变法之论”。在接到谭嗣同“兴算学”的信函后，欧阳中鹄即着手筹办算学馆。此举遭到了浏阳顽固守旧分子的强烈反对。欧阳中鹄遂与唐才常、刘善涵等商议，会聚同仁集资，于光绪二十一年（1895）在浏阳文庙后山奎文阁开办算学社。

随着维新运动在全国各地的展开，此时湖南的变法改革已进入高潮。但欧阳中鹄对谭嗣同“尽变西法”的主张产生了异议，一改其初衷，变得消极起来。

光绪二十四年（1898），欧阳中鹄进京纂修《会典》。二十九年，授广西思恩知府。旋调省署，总办文案。三十一年，授平乐知府。平乐多瑶族，地瘠民穷。首领下令，生两孩者弃其一，生三孩者弃其二。人心惶恐。欧阳中鹄到任后，先晓以大义，继设平粜，通贸易，置学校，教之以文字。“未期年，成效大著。”时有诗曰：“瑶人拜舞桂人歌，捷报流传美政多”。光绪三十四年，欧阳中鹄调任桂林知府。宣统二年（1910），补授广西提法使。次年病故，终年62岁。其遗作有《瓣姜文稿》传世。

谭嗣同在戊戌变法中用一腔热血唤醒国人，他在浏阳的思想启智活动主要有与唐才常、刘善涵等创办浏阳算学馆，在浏阳成立南学分会和倡导

欧阳中鹄像

妇女不缠足运动等。

湖南维新运动可以算是从浏阳算学馆的创建开始的，倡导者是被称为“浏阳二杰”的两个年轻维新勇士——谭嗣同、唐才常。光绪二十一年（1895）六月，正在武昌帮助时任湖北巡抚的父亲办理赈务的谭嗣同得知《马关条约》签订，深感忧愤，与正在两湖书院读书的唐才常、刘善涵（字淞芙，湖南浏阳人）商议解救国难之策，打算从兴算学入手开启民智，改变社会风气，筹划在家乡浏阳兴办一所算学格致馆。他们在欧阳中鹄的支持下，得到湖南学政江标的鼓励和支持，拟订算学馆的《开创章程》《经常章程》《原定章程》和《增订章程》，并克服困难，自行筹款，于浏阳文庙（今浏阳一中）奎文阁创办了一个由16人组成的算学社，聘请湖南新化的晏孝儒为教习，讲授算学。虽然这个算学社规模很小，跟当时的私塾差不多，但改变了教学的内容，专攻算学，既是谭嗣同等人培养新式人才的最初尝试，也成为全省新学的起点。光绪二十二年，浏阳赈灾事毕，欧阳中鹄呈请抚院，将赈捐余款八千两提作经费，用于算学馆的运行。次年二月，由私人集资创办的算学社正式改为公办的算学馆。

浏阳算学馆以培养“诣极精微”的数学专门人才为宗旨，主要教授算学，经、史方面的课程由生徒自学。诸生每日须将课堂所学，以及课余所读、

浏阳算学馆旧址

所习、所感等记录下来，按月上交，以备检查。经过一年学习的生徒可借用本县所存前后膛各种枪炮，用测量法施放，对某种枪炮的速率、击力及某度的抛物线，逐一绘图列表，并应演习测绘行军草图之法。这些教学内容和实践方法，都带有明显的近代教育色彩。除经、史类的书籍外，算学馆还备有古今算术、中外格致诸书及图器等，并订购了《申报》《汉报》《万国公报》等报刊。

尽管浏阳算学馆开办的时间极短，在戊戌政变后就停顿了，但是，它对湖南新学的传播和维新运动的发展影响极大。从新学传播的角度看，浏阳算学馆奏响了湖南新式教育的序曲，对形成湖南注重实学、采纳西学的学风贡献尤著，正如《浏阳兴算记》所言："其明年，浏阳果大兴算学，考算学洋务，名必在他州县上，至推为一省之冠。省会人士始自渐奋，向学风气由是大开。"

谭嗣同还在浏阳成立南学分会和倡导妇女不缠足运动，以上都充分证明了谭嗣同等人为家乡思想启智和改变面貌做出的巨大贡献。

不仅谭嗣同身体力行，其夫人李闰也为浏阳的教育事业和开启民智做出了巨大努力。李闰为李寿蓉（字篁仙，咸丰六年进士，户部主事）之女，生长于书香门第，知书达礼。谭嗣同死于戊戌变法后，其夫人李闰承接谭嗣同未完成的事业，遵夫遗志。李闰参与创办了浏阳第一所女子学校，担任学校的总学监，然后又建立了浏阳第一所育婴局，将对丈夫的怀念融入了教育和慈善事业。浏阳女子学校的创办开创了浏阳女子教育的先河，引一时风尚，不仅为浏阳女性的培养和教化做出了巨大贡献，更是促进了整个社会思想的开放。

除了欧阳中鹄和涂启先，给予谭嗣同较大影响的还有他的另一位老师刘人熙。刘人熙（1844—1919），字艮生，又名蔚庐，浏阳市枨冲镇人。他推崇王船山学说，注重"修己治人"。民国初曾任湖南省都督和湖南教育总会会长，创船山学社和湖南《大公报》。谭嗣同 24 岁时师从刘人熙，学业大进。在他的指导下，谭嗣同开始认真钻研船山之学，努力汲取中国古典哲学的精华，在思想学术上有极大的收获。如果说谭嗣同是用生命和鲜血成为照亮后来人变法图强之路的灯塔，欧阳中鹄、涂启先和刘人熙等人便是谭嗣同成长路上的重要指路人和伟大乡贤。

第四节

变法先驱，耀眼彗星

——谭嗣同和唐才常的维新变革救国实践

19世纪末，经历过太平天国运动的沉重打击后，清帝国已经暮气沉沉，生机不再，洋务运动也没能给这个老迈帝国带来新生。1894年的中日甲午战争成了中国近代史上的一个重要转折，也是长沙近代历史上的一个重要转折点。曾经让一部分湖南士绅虚骄自豪并寄托着救世情怀和担当精神的湘军，在甲午战争的辽东牛庄、营口等战役中一败涂地，使一些湖南士绅的虚骄之气受到沉重打击，也使湖南一些有识之士对湖南乃至国家政局有了更加清醒的认识。曾撰写《工程致富演义说》的湖南士子杨子玉曾在谭嗣同、唐才常主办的《湘报》94号上痛心疾首自责："甲午的战败，实在是我们湖南人害国家的；赔日本二万万银子，也是我们湖南人害国家的。"[①]谭嗣同更是在他给欧阳中鹄的信中明确表露出这样一种反省："初闻湘军之见敌即溃也，心虽哀之，未尝不窃喜吾湘人虚骄之气从此可少止矣。"甲午战败后的湖南士人通过对自身"虚骄之气"的反省，开始了向西方学习的思想历程。这也正是湖南维新思潮形成的重要契机，更是谭嗣同、唐才常等开启维新变革和救国实践的时代背景和思想基础。

①杨子玉：《工程致富演义说》，湘报第九十四号，中华书局，2006年影印本。

谭嗣同像

谭嗣同（1866—1898），字复生，号壮飞，湖南浏阳人。少年时在浏阳曾师从欧阳中鹄，受到了严格的传统教育。中日甲午战争前，谭嗣同曾“六赴南北省试”，但屡次落第。在此期间，他曾游历南北各地，结交了许多学友。1895年春，谭嗣同回家乡浏阳与唐才常、刘善涵等筹备创办“算学格致馆”，但后来因湖南长沙等府发生历史上空前的大旱，浏阳算学馆的筹备暂时停止。此后，他相继到上海、北京等地，参与了一些维新派的活动，同时结识了梁启超、文廷式、夏曾佑等人。1896年，他以江苏候补知府身份到南京候补。在南京，他与杨文会等发起成立测量学会，又在上海与梁启超等创办了不缠足会，同时写作了《仁学》一书。在此期间，他曾受张之洞之命，回到湖南与陈宝箴等商讨修建铁路之事，同时对湖南维新运动提出了许多建议。1897年胶州湾事变后，谭嗣同先与梁启超在杭州面谈，两人相约去长沙参与湖南维新运动，后又与康有为在上海见面，“相与议大局”，康有为建议谭嗣同弃官返湘。陈宝箴也希望谭嗣同能回湖南协助其进行变法。于是谭嗣同于1898年春节后不久辞去筹防局提调之职，回到长沙，义无反顾地投身于当时已经蓬勃兴起的湖南维新运动，并成为湖南维新派的中坚力量。

谭嗣同先后接受了康有为基于今文经学基础上的维新思想，又从清末著名佛学家杨文会居士学佛学，同时也受到了一些西方思想的影响，从而形成了他独具特色的维新思想。他曾在《仁学》中以“冲决网罗”为主旨发出了改革呼声。正是这种大无畏的“冲决网罗”精神使他成为戊戌时期维新派中最激进的人士之一，也使他的维新思想达到当时维新思潮的最高峰。

谭嗣同的思想中有着深度的哲学思考。他接受了康有为的“公羊三世说”，并在此基础上吸取《周易》的乾卦六爻，形成了“逆顺两三世说”。谭嗣同从近代西方政治思想和佛学中汲取的民权和平等思想则是他的维新变法思想的政治思想基础。他对封建君主专制主义进行了激烈和直接的批判，在此基础上提出了他的平等思想。谭嗣同还从论证“道”与“器”的关系出发否定了洋务派的“中体西用”观点。在他看来，“器”即各种政治经济文教制度和自然科学技术及其成果，“道”则是体现于其中的各种思想观念。他指出变法既要变“器”，也要变“道”。“不力治今之器，徒虚谈古之道，终何益焉！”因此，中国要学习西学进行全面的变法，而不能只变“枝叶”，不变“根本”。谭嗣同的这样一种中西文化观充满着理性的色彩，在维新思潮中具有重要的启蒙意义。

谭嗣同还主张在经济上大力发展资本主义工商业，提出了一系列“奋兴商务”的主张，如：多修铁路，多造轮船，以兴商务；工商通力合作，以收回利权；设商部，集商会，立商总；开公司，招民股；兴保险，建官银行；对外通商，改订税厘章程，等等。所有这些成了他日后开展维新变法实践的思想基础。

谭嗣同眼中多难的国度似乎给了他施展才华和抱负的机会。1898 年 6 月 11 日，光绪皇帝颁布“明定国是诏”，开启了百日维新。1898 年（光绪二十四年）9 月 5 日，光绪下诏授予谭嗣同和林旭、刘光第、杨锐四品卿衔军机章京，参与变法。光绪召见谭时曾说肺腑之言：“汝等所欲变者，俱可随意奏来，我必依从。即我有过失，汝等当面责我，我必速改。”光绪帝变法的决心和对维新派的信赖使谭嗣同非常感动，大有“士为知己者死”之感，决心倾尽毕生所学，为中国之变法开创先河，纵然鞠躬尽瘁肝脑涂地，亦无怨无悔，不负圣恩。但是中国近代的变法维新总是代价沉重的，9 月 21 日，慈禧太后发动戊戌政变，谭嗣同、林旭、杨深秀、刘光第、杨锐、康广仁等戊戌六君子被杀害于北京宣武门外菜市口。曾有人在政变发生之时劝谭嗣同逃离，他大义凛然地说：“各国变法，无不从流血而成。今中国未闻有因变法而流血者，此国之所以不昌也。有之，请自嗣同始。”并在狱中写下一首绝命诗：“望门投止思张俭，忍死须臾待杜根。我自横刀向天笑，去留肝胆两昆仑。”

英勇牺牲的谭嗣同被梁启超称为“中国为国流血第一烈士”和“晚清最耀眼的彗星”。在中国近代史上，文武双全的谭嗣同确实如一颗耀眼的彗星，划破了清帝国腐朽漆黑的夜空。谭嗣同牺牲之后，中华大地上革命的火花不断，民主共和的黎明就要到来了。

唐才常（1867—1900），字伯平，号佛尘，浏阳枨冲人。唐才常的祖父是一个潜心典籍、不求仕进的旧知识分子，他的父亲也是思想进步的乡塾教师。唐才常自幼家学相承，有着较坚实的国学根底。1877 年，谭嗣同随父亲来浏阳扫墓，唐才常也随父前去，得与谭嗣同结识，并一同拜欧阳中鹄为师，与谭嗣同“两人少同游，长同志，订为生死交，才名亦相伯仲，时有浏阳双杰之称”。[1] 1886 年，唐才常 20 岁时，应童子试，以“小三元”及第（县、府、道三试夺冠）成秀才。但他不慕功名，应聘在本乡刘春台家当塾师。不久唐才常外出读书，曾先后就读于长沙岳麓书院、校经书院，于 1894 年考入张之洞办的武昌两湖书院。在武昌期间他与谭嗣同以及同邑

①杜迈之、刘泱泱、李龙如编：《自立会史料》，岳麓书社，1983年版，第203—204页。

姻亲刘善涵往来密切。唐才常本想闭门钻研学问，但平静的书斋生活，却被甲午战争的炮声打破。

①唐才质：《唐才常烈士年谱》，《唐才常烈士附录》，中华书局，1980年版，第271页

甲午战争后，他与谭嗣同等参与了浏阳新式煤矿和浏阳算学馆的创建工作。1896年，唐才常返回湖南，他“除赴浏阳省亲以外，常住长沙，与当时长官士绅及知识界，力争联系，以为推行新政之图”[①]，他与谭嗣同等一起极力促成了浏阳算学馆的创立，又参与了《湘学报》的创办，并担任其主笔。他还积极参与了《湘报》、时务学堂和南学会的创建，并担任了《湘报》的董事和主要撰稿人、时务学堂的中文分教习，以及南学会的“议事会友”，是湖南维新运动的主要骨干之一。在维新运动的实践中，他形成了比较系统的维新变法思想。在经济方面，唐才常在湖南很多近代工矿企业的创建及经营过程中，提出了许多发展近代工商业的具体规划和措施。在文化教育方面，唐才常进一步提出了废科举、兴学校的主张。他把废科举、兴学校同国家之兴亡联系在一起，认为“变通学校，最为当今急务”。同时，他还提出创办专门学校，培养专门人才，派留学生出国等建议。这些主张体现了“新民，新学，新心，开民智”以及为发展资本主义培养人才的思想。

唐才常在政治上的变法主张，用他自己的话可以概括为：“张师统，

唐才常像

以孔子纪年；易官制，以泰西为准；开国会，以日本作则；改律法，与公法相通。”[1]他认为君主立宪是最理想的国家政治制度，致力于在中国推行君主立宪制。

唐才常于戊戌政变前收到谭嗣同的电报，召他赴京参与机要。他行至汉口，闻北京政变和谭嗣同死难的消息，被迫出走香港、新加坡、日本等地，“遂萌举兵除奸之想”，于是接过了谭嗣同救国的接力棒，联络侨胞，筹集款项以图起义。1899年秋，唐才常在日本结识孙中山，商讨起义。后返回上海建立自立军，参加者多达十余万人，唐任总指挥。后因泄密被捕，于1900年8月22日被杀害于武昌紫阳湖畔，时年33岁。

“七尺微躯酬故友，一腔热血溅荒丘。”唐才常用短暂一生实践着他和谭嗣同维新变革、救国图存的政治理想，实现了由维新运动向革命运动的转变，并为此付出了年轻的生命。虽然他们的救国实践最终失败了，但是他们用自己的光芒，照亮了后来的革命者走向民主共和和国家富强的前行之路。

① 【清】唐才常：《恭拟密筹大计吁恳代奏折》，《唐才常集》，中华书局，1980年版，第155页。

第五节

萍浏醴起义

——辛亥革命的武装前站

20世纪初，清帝国虽然已经老态龙钟，但还在苟延残喘，其腐朽的统治之下，各地反抗的浪潮已经风起云涌。湖南浏阳、醴陵以及和江西交界的萍乡上栗等地，就爆发了一次继太平天国运动以后范围最大的武装起义——萍浏醴起义。这是中国资产阶级政党同盟会成立后，以浏阳会党为主力展开的第一次大规模武装起义。起义揭竿于萍浏醴三县交界的麻石，义旗所指，举国震动，萍浏醴人民云集响应，英勇驰骋在武装反清的战场上。起义虽然最终失败了，但是却敲响了中国历史上最后一个封建帝国覆灭的丧钟，给后来的辛亥革命和民主共和之路指明了方向。

1905年8月20日，中国第一个资产阶级政党“中国同盟会”在东京正式成立，成立大会上公举孙中山为总理，黄兴任执行部庶务（相当于副总理）。会议正式通过同盟会章程，确定“本会以驱除鞑虏，恢复中华，创立民国，平均地权为宗旨”，同时成立各省分会，推定各省主盟人。中国民主革命从此进入了一个崭新阶段。同盟会的诞生、发展壮大与湖南革命党人的努力是分不开的，而其中浏阳人作用非凡。根据冯自由《革命逸史》所载《中国同盟会最初三年会员人名册》统计，中国同盟会最初三年（1905—1907），在东京登记的960名会员中，湘籍志士156人，居各省之冠。而长沙籍革命志士加入同盟会者甚众，包括长沙、善化、宁乡、浏阳在内的长沙籍同盟会会员有39人，占全国的4%，占湖南的25%。萍乡、浏阳、醴陵三县为湘赣两省交界地区，向来是哥老会的别支——洪江会会众聚集的渊薮，自1904年秋华兴会在长沙发动起义失败，洪江会首领马福益被害后，洪江会会众更加痛恨清政府，马福益的余部在萧克昌、龚春台（浏阳文家市人）等人的领导下，转战浏阳、萍乡等地，发誓为马报仇，有些地方已经喊出了“杀鞑子”“官逼民反”“挖富济贫”的口号。萧克昌、李锜在安源煤矿联络矿工数千人，龚春台在浏阳、醴陵一带继续发动会众，都在等待时机，图谋举义。

1906年春，同盟会东京总部派会干刘道一、蔡绍南回湘动员军队，整顿和组建革命会党。浏阳是同盟会和会党活动比较集中的地区，当时哥老会马福益虽死，而会众基础并未摧毁，旧部头目、安源矿工领袖萧克昌，浏阳会党领袖龚春台、姜守旦、冯乃古，醴陵会党领袖李金其等人，接受了同盟会的革命纲领，誓遵中华民国宗旨，重新改组会党，将哥老会、洪福会统一更名为“洪江会”，筹备萍浏醴起义。起义军定名为中华民国南军革命先锋队，公推龚春台为都督，蔡绍南、魏宗铨为左右都统，以中华民国政府名义发布了檄文，布告天下，高举“灭满兴汉，劫富济贫”大旗，向清廷兴师问罪。浏阳是萍浏醴起义的主要战场，会党参与起义人数之多、斗争之坚决、影响之大，在萍浏醴起义中占有极其重要的地位。

当时浏阳一带主要有三股力量，即浏南的龚春台、浏东的姜守旦、普迹的冯乃古，各拥众数千人。起义总指挥是龚春台，另一支偏师是洪福会首领姜守旦，龚、姜两人在浏阳有深厚的群众基础，所以浏阳义军数量较多。在萍浏醴起义总数为36000人的义军中，浏阳县境内这三股义军的人数大约有18000人，属于龚春台在浏阳南部的部众有五六千人。起义开始后，龚春台率总部官兵数千人、枪，从江西上栗市出发，计划经浏阳金刚头，直捣浏阳城，与东路军姜守旦、西路军冯乃古会师，合取长沙，再攻武汉。他带领的义军从高家台打到上栗市，又从上栗市转战浏阳县，醴陵和萍乡的一部分会众亦跟随作战，起义队伍扩大到万人以上，并一直是起义的主力。起义不久，浏阳南门河对面南市街有会众数千人正听候遣调。1906年12月7日，以姜守旦为首的另一支哥老会起义队伍趁此时机宣布起义。起义军所到之处镇压土豪劣绅，焚烧团局，劫富济贫，沿途民众夹道欢迎。这一义举，震惊了中外统治阶级，除清廷从广东、福建等四省调集团防军5万人进入萍乡、浏阳集中镇压外，日、美、英、德等帝国主义国家也先后派遣舰队驶进岳州，准备武装干涉。起义军先后在浏阳县城和浏阳东部、南部战斗达百余次，历时1个多月，由于起义军没有形成一个坚强领导核心，旗号各异，加之敌我力量悬殊，武器处于劣势，虽苦战经月，接战二十余阵，终被清军各个击破。各路起义军失败后，数万清军分驻萍、浏、醴三县各地，对起义军进行了长达三个月的清剿，总计被杀害的革命党和起义军将士及其亲属不下万人。起义虽然最后失败，但萍浏醴起义英雄的血并没有白流，它严厉地警告了帝国主义国家，削弱了清腐朽政权，打击了封建地主阶级，为推翻封建帝制拉开了序幕，吹响了辛亥革命的前奏曲。

第六节

民主先行者

——晚清中国和湖南宪政改革中的浏阳身影

宪政，最初是西方政治学和法学上的概念，近代资本主义国家建立后，将宪政从政治口号变成了政治制度，推动了欧美等西方国家的民主进步和经济社会的快速发展。19世纪末20世纪初，中国严重的内忧外患使得清王朝统治者无法照旧统治下去了，孙中山领导的资产阶级革命更是对清王朝的统治构成了巨大的威胁。为了应对严重的国内危机、遏制汹涌澎湃的革命浪潮，清政府决定以立宪为“救世良方”。1905年日俄战争中，日本战胜了俄国，许多倾向维新的人士认为这是立宪对专制的胜利，立宪是图强的不二法门。孙宝琦、张之洞、袁世凯等地方督抚亦相继奏请立宪。1905年9月，清政府下令筹议宪法大纲，设立考察宪政馆，并派载泽、端方等5位大臣出洋考察宪政。清政府御前会议决定于1906年9月1日正式颁发“预备立宪仿行宪政”上谕，宣布“预备仿行立宪”，决定先在中央设立资政院，“以立议院基础”；各省设立咨议局，以为“采取舆论之所”，“并为资政院预备议员之阶”；同时，设立各府州县议事会，推行地方自治。而后，相继颁布了改革官制、各省筹建咨议局、中央设立资政院、推行城乡自治等具体宪政改革措施。“预备立宪”运动正式拉开帷幕。

虽然清政府实行自上而下的“立宪”运动，有着明显的消弭革命、巩固统治的目的，且是被动和不自觉的，但是，清政府抛弃了以往反对在政治制度上进行任何改革的顽固态度，开始了新的政治变革，这是前所未有的举动。清政府推行“宪政”政策颁布后，湖南“预备立宪”运动次第展开，新的改革措施相继出台。湖南实施的新政措施主要包括继续推进教育改革和军事改革、编练新军、加强重要地区的驻防，以及清查人口、普设警政等。

1908年7月，清政府再次颁布上谕，“着各督抚迅速举办（咨议局），实力奉行，自奉到章程之日起，限一年内一律办齐”。1909年6月18日，湖南各地选举投票正式进行，参加投票的选民共100487人，产生初选议员820人。8月6日，各地举行了复选投票，选出正式议员82人。其中，长沙府选定议员31人，占了全省之1/3；同时选出候补议员16人。其中浏阳人黎尚雯、刘忠训、刘善渥等成为正式议员并成为常年会议员。黎尚雯还在冯锡仁病故后替补成为国家资政院议员。咨议局设有书记长和书记处理日常事务，他们是主要办事人员，其作用十分重要。当时担任咨议局书记长的就是浏阳人贝允昕。贝允昕，浏阳船仓人，1888 年举人，1904 年留学日本法政大学，曾任衡山县教谕，时任中路师范学堂代理监督。

黎尚雯，字瑞章，号桂荪，浏阳原青草市人。清同治七年（1868）生于书香人家，曾中秀才。与谭嗣同、唐才常交往甚笃。性轻财重义。光绪二十一年（1895），浏阳饥荒严重，黎出其储粮，以济灾民。光绪二十三年，在浏阳协办算学馆、“不缠足会”。第二年，又协助谭嗣同在长沙办南学会、时务学堂及《湘报》。光绪三十二年，加入同盟会，协助禹之谟创办湖南唯一学堂。禹之谟殉难后，学堂推黎继任监督，改学堂名为广益英算专修科。光绪三十三年四月，与李剑农等人在长沙妙高峰成立同盟会湖南支部。宣统元年（1909）六月，当选为湖南咨议员及北京资政院议员。积极倡议兴实业、修粤汉铁路。辛亥革命胜利后，任湖南高等工业学校（现湖南大学前身之一）校长。不久，当选为国会参议院议员，遂离校去京。由于刚直敢言，为袁世凯所忌。宋教仁被刺后，黎便离京到武汉，与革命党人宁调元等密谋七省联防，策划倒袁。旋被推为江汉大学监督。在校组织铁血团，并联络当地驻军，准备同时举事。不料事泄，江汉大学被解散，参与者多人蒙难，黎也被捕入狱。后经熊希龄竭力营救脱险。随即回长沙，参与驱逐汤芗铭活动。袁世凯死后，黎再到北京，力主收回抵偿外债之矿产权。

黎尚雯像

后国会中断，黎愤然归湘。民国六年（1917）八月，孙中山在广州就任大元帅，召开非常国会，电召黎到广州议事。黎因病未能成行。次年二月去世，终年50岁，公葬于岳麓山。国民党元老、著名书法家于右任亲题“故参议院议员黎尚雯之墓”。

刘善渥（1879—1920），字雨人，浏阳杨花人。清末浏阳“刘氏三杰”之一。他青年时为县学附生，曾留学日本。回国后任湖南咨议局议员。民国成立后，先后任湖南省政府都督参事、湖南图书馆馆长、省长谭延闿公署秘书长等职。

在清政府预备立宪期间，湖南咨议局成为立宪派立宪活动的主要阵地。1909年10月14日，湖南咨议局第一届会议在长沙府学宫明伦堂开幕。会期50天，直到12月2日才闭幕。湖南咨议局的第一届会议主要内容是开会审议抚院交议案、议员自提议案和处理人民陈请建议等，讨论涉及全省有关铁路、文化教育、政治、实业以至外交等问题的议案59件（其中，巡抚提案20件，自提案39件），通过35件（巡抚提案1件搁置）。湖南咨议局议员以地方议员的身份参与政治，表现出与官方完全不同的姿态，成为推动湖南社会变革的一支重要力量。其中浏阳人黎尚雯、刘善渥参政十分活跃，刘善渥担任了三个议案的审查长，黎尚雯担任了五个议案的审查员。刘善渥提出的议案《整顿扩充图书馆案》原案通过，黎尚雯的《湖南全省教育案》和刘善渥的《推广法政学堂案》获得原案修正通过，均体现了很高的参政议政意识和水平。

1909年举行的各省咨议局议员选举是我国历史上第一次正式的地方选举，在我国宪政史上具有里程碑意义。不管依当时社会上一般眼光来看，还是从议员在地方政治、社会等各个层面的实际影响力来说，抑或是从今天的眼光来考察，当选咨议局议员不仅是一个莫大的荣誉，而且代表着其作为社会权威在当时社会获得的认可及现实价值。

同时，在清政府宣布“预备立宪”后，浏阳人在全国的立宪运动中不断摇旗呐喊，扮演了重要角色。1907年10月，沈钧儒、熊范舆、恒钧和浏阳永安人雷光宇一起上书都察院，请开国会以救亡，雷光宇并以全湘士民名义上书，要求速开国会。浏阳人刘人熙和陈文玮、杨度、龙璋等一百多人联名上书，要求清政府速设民选议院，召开国会，实行预备立宪。

就在各省咨议局开展国会请愿的过程中，资政院于1910年9月23日开议。设立资政院是清末预备立宪的重要内容，其目的是“将庶政公诸舆论”，以“为他日设议员之权舆”。[1]资政院实际上已经带有一些资本主义国家议

①《中华民国史档案资料汇编》第一辑，江苏人民出版社，1979年，第93页。

会色彩。

在北京资政院，湖南籍议员的影响和作用颇引人注目。湖南当选资政院议员者五人，除湘潭人易宗夔、武陵人唐右祯、长沙人罗杰、善化人汤鲁璠外，就有来自浏阳的黎尚雯（冯锡仁病故后补选）。当时长沙府的罗杰、易宗夔、黎尚雯等人在资政院的表现非常突出，堪称一时豪杰。他们敢说敢干，是资政院内的活跃分子，影响很大。资政院第一次常年会会议期间，资政院决议上奏剪发易服奏折被谕旨否决；大学堂监督刘廷琛上奏参资政院，朝廷下旨“着宪政编查馆知道”。议员对资政院的决议缺乏效力表示强烈不满，宣统二年十一月二十九日（1911 年 1 月 5 日）的会议上，易宗夔首先发难，称此事没有一个说法，资政院可以请旨解散。黎尚雯接着发言：“资政院是个立法机关，而所上的奏案没有一个有效力的。既没有效力，资政院所议的事还有什么价值呢？”“不如请旨代解散”，并称“朝鲜亡国的原因，也是当初执政者把持一切，政事都办不通，我们恐怕步朝鲜的后尘”。[1]在议会讨论中，他还表示：“朝廷既不信任我们，而信任个人，我们还腼然立于资政院，此之谓无耻，无耻就可以亡国。”后黎尚雯就此事呈递质问宪政编查馆的说帖于议长，以明资政院的权限和资政院议决问题的法律效力。湖南易宗夔、黎尚雯、罗杰等三位议员的表现成为当日议场一道亮点。

浏阳人黎尚雯等湖南籍资政院议员，以国民代表自持，怀抱救亡图存愿望，积极参政议政，表现出很好的素质和精神风貌，在中国宪政史上写下了浓墨重彩的一笔，成为晚清参与宪政民主的先行者，也在一定程度上提高了湖南人的声望。

①《资政院第一次常年会第三十三号议场速记录》，李启成点校：《资政院议场速记录——晚清国会论辩实录》，上海三联书店，2011年版，第 504—505 页。

第七节

冲锋在前

——浏阳人指挥的武昌起义“长沙首应”

1911年爆发的辛亥革命，是中国旧民主主义革命的高潮。在这场革命中，首义的地区是武汉，“首应城市”则是长沙，而指挥武昌起义“长沙首应”行动、并在湖南光复后担任首任都督和副都督的就是两位浏阳青年英杰焦达峰和陈作新。

1. 焦达峰、陈作新的早期革命活动

焦达峰，号大鹏，字鞠森，1887年1月16日生于浏阳北乡绥和团焦家桥（今龙伏镇）一个开明绅士的家庭。但他很早就离开了家庭，认为革命当自“家庭革命始”。1902年，他经浏阳会党首领姜守旦接纳，加入洪福会。1903年，他来到长沙高等普通学校预备科学习，旋入东文（日文）讲习所。这时，他思想倾向革命，加入了黄兴组织的“同仇会”（华兴会外围组织），从事联络会党的工作。1904年，华兴会长沙起义失败，焦达峰东渡日本，入东亚铁道学校学习。同年8月加入同盟会，任联络部部长，专负联络会

焦达峰像

党之责。焦达峰是同盟会中的激进分子。1907 年革命遭到了一些挫折，不少会员充满了悲观失望情绪。但焦达峰并不因此灰心丧气，主张在同盟会之外，另组一有实力的团体，以迅速发展革命力量，推翻清朝政府。他的这一建议未被同盟会总部采纳，于是他和孙武等人，在这年 8 月另组共进会，任交通部长。“共进者，合各党派共进于革命之途，以推翻清政权，光复旧物为目的。”共进会与同盟会的宗旨大体相同，只是行动上比较激进。按照焦达峰的意见，活动中心由原来南方边远省区转移到长江流域中段，以便联络会党，策动清军，相机行事。

1908 年 11 月，宣统继位，朝政日非，风潮迭起。焦达峰经共进会推派，归国进行革命活动，在汉口和武昌发展了共进会组织。次年，回到湖南，化名左耀国，在长沙设立湖南共进会总机关，并联络洪江会、洪福会，以洪江会名义统一湖南的会党组织。这时，焦达峰等人长期往返各地部署一切，生活极为困苦，有时不得不典当衣物，所余衣物只得与人轮流穿用，甚至端午节还身穿夹袍，但其革命意志，坚不可摧。当时，焦达峰主要致力于会党的联络工作，而运动新军则由后起的陈作新来完成。

陈作新（1885—1911）字振民，浏阳永安人，农村知识分子出身。他能诗会文，尤擅书法篆刻，因科举不中，遂以教书谋生，发愤博览群书，颇受船山思想的影响。后协助友人在长沙东长街创立“国民教育阅书处”，看到许多翻译的新书，开始接触资本主义文化。戊戌政变后，投奔唐才常参加自立军。1905 年，入湖南弁目学堂学习，加入同盟会。毕业后分配到新军二十五混成协四十九标第二营第三排充任排长。1909 年，四十九标创办随营特别班和测绘班，他兼各班教官，常在授课时宣传革命思想，与列兵群众关系极好。他曾辗转介绍列兵中的优秀分子数十人加入同盟会，在新军中撒播了革命的种子。1910 年，长沙发生“抢米”风潮，陈作新带同步兵一排，开驻布政使署左近弹压。陈作新有意对群众暴动不加干涉，结果遭上司猜忌，将他借故革职。陈作新虽离开新军，但他对列兵的联络活动却一直没有停止。他以教书作掩护，经常邀约士兵们到岳麓山开会，灌输排满兴汉思想，因而新军士兵普遍倾向革命。

陈作新像

2. 指挥武昌起义“长沙首应”，建立民主共和革命政权

1911 年 4 月 27 日，广州起义失败的消息传到武汉。5 月，焦达峰与孙武等在武昌召开紧急会议，作出了中国革命以“两湖为主动”的决定，并商议了其中一省发动，另省立即在十日内响应的计划。这是辛亥革命史上的一个重大决策，也是中国近代史上有名的两湖同志在武昌的“约盟誓守”，从此中国革命的中心便由两广转移到了两湖。不久，10 月 10 日武昌起义爆发，焦达峰在起义后三天接到了确讯，马上召开紧急会议，商讨如何响应举义事宜。会后迅速成立了以焦达峰、陈作新为首的同盟会战时统筹部，负责领导起义。为了履行十日内响应武昌起义的诺言，当时决定 20 日举事。但是，由于敌人的防范加强和立宪党人的暗中阻挠，起义日期被迫几度更改，直到最后才决定在 22 日举行起义。

10 月 22 日清晨，在焦、陈的指挥下，起义大军分兵两路进攻长沙城。起义军未鸣一枪一炮，于中午便会师抚台衙门。巡抚余诚格闻变仓皇逃遁，巡防营统领黄忠浩慌忙出逃被士兵认出，当即被义军斩首示众。抚台门前坪旗上的龙旗，顿时换上了象征革命胜利的“汉”字大旗，长沙再不是清朝专制统治下的一个城市了。第二天，以焦达峰、陈作新为正、副都督的“中华民国军政府湖南都督府”正式宣告成立。湖南成为全国十五个响应武昌起义的省份中最早一省，长沙成为“首应城市”。武汉各界听到长沙起义胜利的消息，无不雀跃欢呼。

湖南起义不仅巩固了湖北的后方，而且焦达峰迅速派遣军队支援了武汉抗击清军的斗争，用行动实践了武昌约盟的誓言。

3. 喋血都督府

焦达峰、陈作新等在反清革命斗争中，态度坚决，表现了无所畏惧的英雄气概。然而起义胜利后，面对谭延闿为首的立宪派的进攻，却心慈手软，“养虎遗患”，致使立宪派同原新军管带梅馨，策划了一场针对都督焦达峰和陈作新的血腥政变。

10月31日，立宪派煽动一部分人在北门外和丰火柴公司发起挤兑风潮，然后一面诡称请都督亲往弹压，一面由梅馨指挥叛兵在途中埋伏。焦达峰不知是计，当即派副都督陈作新前往调解。陈即跨马前往，刚到北门文昌阁附近，就被叛兵活活砍死。年仅26岁的陈作新，就这样被立宪派所暗算。接着叛兵冲进都督府，假借索饷为由，要求都督接见。当时有人力劝焦达峰暂避，但他慷慨激昂地说：“余惟一身受之，毋令残害我湘民；且余信革命终当成功，若辈反复，自有天谴。”说罢，亲自向叛兵晓喻大义，结果惨遭杀害。25岁的焦达峰，为革命悲壮地殉难。近代浏阳“三湘四杰”中的焦达峰和陈作新，是湖南资产阶级革命运动的奠基者之一，虽然他们只当了十天湖南的正、副都督，但其光辉业绩却是“十日千秋”，永垂不朽的。1912年南京临时政府成立，孙中山任临时大总统，为纪念焦达峰的功绩，追赠他为大将军。1916年，刘人熙（浏阳枨冲人）任湖南都督兼省长时，在岳麓山焦达峰墓地竖立了一块大石碑，名曰“浏水堕泪之碑”，碑上刻有焦达峰生前自我抒怀的联语“达向九峰云路近，峰高五岳众山低”，供后人凭吊。现在，浏阳市有为纪念烈士而命名的“达峰路”。

第八节

浏阳人治湘，短暂却耀眼的政治光芒

——民初两任浏阳籍都督焦达峰和刘人熙的主政经历

辛亥革命、湖南光复走向民主共和之后，湖南民初的政局依旧在动荡中不断演变，阶级和民族矛盾依旧异常激烈。在民初的多事之秋和危难之际，有两个主政湖南的浏阳人彪炳史册，那就是焦达峰和刘人熙。

1.“十日千秋”——焦达峰主政湖南光复后首届民国军政府

1911年10月10日，辛亥革命武昌首义爆发。10月22日，辛亥革命“长沙首应”成功，起义军攻占湖南巡抚官署，湖南光复。起义军占领抚署后，革命党人将抚署改名中华民国湖南军政府，次日，正式更名为中华民国军政府湖南都督府，宣告湖南革命政权成立。10月22日晚，参与起义的各界代表齐集咨议局开会推举都督。各派对都督的人选意见不一。立宪派拟推谭延闿为都督，但革命党人以焦达峰“奉同盟会本部特派来湘主持军事，响应武汉，厥功甚伟”，拟推为都督；陈作新“素抱革命主义，因授课语涉排满被撤去职事，前辅助焦君联络军队，论功当为第二”应推为副都督。大家争论不休，最后经表决，“公推焦达峰为都督、陈作新为副都督”。[1]

焦达峰、陈作新执掌湖南都督府后，“用人行政，一秉大公，博采民意，广纳人才，且力除苛税，实具为民众谋幸福之血心。如斯仓促之际，一无章制可循，而能日废秕政以数十计，接见民众无间晨昏”“不仅表现平民革命精神，抑且坦率无猜”。[2]湖南都督府的主要革命措施有：

第一，稳定省城秩序。长沙光复后，焦达峰、陈作新等人首先采取有效措施稳定秩序，安定人心。中华民国湖南军政府成立后，立即发布《讨满清檄文》，揭露清廷“淫凶酷虐，炽于其前；刀锯鼎镬，随于其后”的残暴；还发布《湖南军政府示》，称“本军政府特举义师，光复故国，对于军民学商各界，极行保护主义，秋毫无犯，以昭大公。凡内外各界人等，均宜静安，勿用惊扰。倘有不轨之徒，乘间肆行，就地立斩”。军政府布告中除了保护外国人生命财产等各项权利外，第四条“保护本国各项人等生命财产，不得侵犯”；第五条“保护市面，照常一律交易”；第六条“保护各种学堂公司会社，及一切衙署团体，照常一律治事”。[3]他们还立即派

①熊光权：《湖南辛亥光复事略》，田伏隆主编：《辛亥革命在湖南》，岳麓书社，2001年，第160页。

②文公直：《最近三十年中国军事史》，《民国丛书》（第一编），上海书店，1989年，第302页。

③中国史学会主编：《中国近代史料丛刊·辛亥革命》（六），上海人民出版社，1957年，第167—168页。

人封点大清银行、湖南银行以防损失，维护经济秩序，同时“通令各属民政机关、厘金局卡及军警等，照常服务，不得乱动”。随后，军政府又派遣陆军、警察会同工程队伍等负责城市主要街道的巡逻任务。长沙胜利光复后，反动势力尚未肃清，10月23日晚，原藩司署亲兵队拒绝缴械，并袭击官钱局，夏季佑被害，王猷受伤。焦达峰派军镇压，将其包围缴械解散，稳定了革命局势。

第二，延揽各界人士，壮大革命阵营力量。湖南都督府成立后，焦达峰、陈作新等人在西园设有“招贤馆”，广招天下“英雄豪杰”和“奇才异能”之士，吸纳了一批贤能之人参加革命政权，这对于争取社会各界对革命的支持、巩固革命秩序产生了积极作用。

第三，初步建立政权体系。在焦达峰、陈作新主持下，湖南军政府组织了比较完善的政权体系，都督之下设军政、民政两部，推谭延闿为民政部长，民政部下设一院六司。焦达峰还曾亲自规划都督府的机构，要求设立秘书监、主计处、顾问厅和督勤处等机构。焦、陈被害之前，湖南军政府的机构已基本完备。

第四，推动全省各地光复。军政府建立后，焦、陈将光复全省作为一项重要任务，他们曾通电道、府、州、县，饬令各地及时投效。随后，焦达峰派遣杨任为西路招讨使、凌汉秋为副使、余昭常为参谋总长赶赴常德领导起义，还委派刘崧衡为南路招抚使，赴衡阳联络。并授命任震负责岳阳地区的治安。在军政府策动下，全省各州县积极响应，相继宣告光复。其中尤以浏阳、宁乡行动迅速。长沙光复后的第三天，浏阳接到湖南都督府抄电，即在县衙升起汉字旗并张贴文告，宣布浏阳光复，知县朱国华逃跑。浏阳光复后，到处一派生机勃勃景象，民众的参军热情高涨。10月28日，湖南都督焦达峰派人来浏阳招募援鄂部队，民众异常踊跃，三日之内，参军入伍者达到2万多人。

第五，改良社会，刷新政治。剪辫是当时具有一定象征意义和标志意义的革命行动，也是改良社会的重要内容。军政府“以剃发、放足、禁烟三事为首先推行之政治”，并下令：“凡军民人等，所有辫发，限三日内一律剪去，否则由警察干涉之。”剪辫之风，风行一时，整个政治局面、社会风气迅速为之转变。

第六，坚持平等外交。湖南军政府成立后，立即宣布接管所有洋关、邮政局，所有徽章、旗帜皆由军政府即日派人前来更换。

第七，组织湘军援鄂。由于长沙胜利光复之日，正值汉口战事日趋激烈之时，焦达峰担任都督后，集中全力谋划湘军援鄂事。他连日出示招募军队，会党和青年学生应募者十分踊跃，数日之间即达6万人。他命令以新军四十九标各营为骨干，加上新募之兵和巡防营的部分士兵，组成湘军独立第一协（共五营）援鄂。10月28日，即长沙光复后的第六天，援鄂湘军独立第一协王隆中部誓师出发，前往支援武昌首义部队。继王隆中部援鄂后，湖南军政府又先后派了刘玉堂部（第一师第二协）、甘兴典部（第二师第三协）、刘耀武部（独立第九标）等三批援鄂湘军。四批援鄂湘军总兵力达8000余人。湘军的入鄂作战，对于安定武汉前线人心，巩固首义地区的革命形势，促成各省的光复，都发挥了重要的作用。

"长沙首应"和湖南的光复，不仅巩固了武汉军政府，更重要的是推动了西南各省继续起义，迫使清政府宣告退位，彻底结束了中国几千年的封建帝制，迎来了民主共和时代。但由于焦达峰和副都督陈作新在起义后将主要精力用于支持武汉军政府作战，对立宪派缺乏应有的警惕，湖南光复10天后，两人即被立宪派首领谭延闿策动旧军官兵变杀害，革命政权被谭延闿所窃取。

2. 临危受命——刘人熙代理湖南都督兼省长

辛亥革命后，在民国成立后的八九年时间内，处在南北之争中的湖南，由于所处特殊的战略地位，政治形势也格外复杂，南北双方的势力在湖南交替统治，这一时期的湖南都督（督军、省长）先后九次易人。在1916年"反袁驱汤"结束袁世凯爪牙汤芗铭的三年血腥统治后，浏阳人刘人熙曾于1916年7月至8月短暂代理督军兼省长，在汤芗铭逃跑后临危受命，保证了湖南经济社会的稳定。

刘人熙（1844—1919），字艮生，号蔚庐，浏阳枨冲油柘园人。他早年就读长沙城南书院，光绪三年（1877）进士，任工部主事，因上书请"严核保举章程"，被外调直隶州知州，后历官至广西道员。1907年春返湘，出任湖南中路师范学堂监督、法政学堂总办。这年秋，湖南教育会成立，他被推为会长，领衔上奏开设民选议院。辛亥革命后他一度担任都督府民政司长，因感社会政事日非而辞职。

宋教仁被刺后，他主张法律解决，反对武力讨袁。1914年，刘人熙创

刘人熙像

办船山学社，1915 年袁世凯企图复辟专制时，他与贝允昕等创办《大公报》，公开抨击帝制。汤芗铭被逐后，刘人熙在 1916 年 7 月 8 月间短暂担任湖南代理督军兼省长。当时由于汤芗铭仓皇出逃，长沙大乱，警察尽散，全城沸腾。刘人熙上任至督署后，即任命军长、师长、清乡司令等，迅速恢复警察、法院及财政、民政各厅，使省会秩序逐步安定。1918 年 9 月，刘人熙前往上海，与上海爱国人士组织策进永久和平会，被推为会长。次年正月，刘人熙病逝于上海。刘人熙从政不忘治学，是一位政学两栖的湘籍名流。遗著有《蔚庐诗集》《蔚庐文集》《刘人熙日记》等。刘人熙因崇仰王船山，服膺船山学说，并认为船山学说是“救时之良方”，遂创办了“船山学社”。一生从政的刘人熙，其思想学养深厚。刘人熙以道德救世的思想主张主要有以下几个方面：

第一，视道德的堕落为民初国家社会问题严重的根源。第二，认为只有通过昌明学术，才可以医治国家社会之病。第三，对于指导社会一切之事，必以提倡道德为要素。第四，应该遵守固有的人伦道德。第五，提倡道德，必须造就具备时代道德之人。第六，反对帝国主义的侵略，要求民族解放与独立，是道德救世最重要的追求。第七，以赞成民主、拥护共和为前提，指出宪政之路是必然的发展趋势。

第九节

浏阳河畔播火者

——浏阳的民主思想启蒙者和新文化先驱

长沙号称屈贾之乡、楚湘胜地，屈原的上下求索精神、贾谊的忧患国是精神、范仲淹的先忧后乐精神、王船山的知行统一精神，作为湖湘文化的重要渊源，构筑了湖南人民优良传统的精神家园。以毛泽东为代表的大批湖南青年对屈原等先贤十分崇敬，他们以“路漫漫其修远兮，吾将上下而求索”自勉，探求国家民族的兴盛之道。

1915 年 9 月，陈独秀在上海创办《青年》杂志（次年改名《新青年》）。提倡民主与科学，反对专制和迷信；提倡个性解放，反对封建礼教；提倡新文学、白话文，实行文学革命。以《新青年》为中心，以民主与科学为旗帜，以陈独秀、李大钊、鲁迅、胡适等为代表，掀起了一场前所未有的思想启蒙解放运动。在湖南长沙，浏阳人刘人熙、贝允昕在 1915 年最先创办了湖南《大公报》，强烈反对袁世凯复辟封建帝制，宣传民主共和，在社会上独树一帜，开启了民主思想启蒙和国民思想改造的新途径。一些进步知识分子如浏阳人孔昭绶和长沙县人杨昌济等，利用教育讲台向先进青年学生教授新思想、新文化。杨昌济在湖南倡导新文化运动，认为中西文化各有所长、各有所短，都应同时改造，他向毛泽东、蔡和森等赠阅《新青年》，用哲学伦理学和新文化启迪学生立大志、图远谋，培养高尚的人格情操。《新青年》培育了新青年。1917 年冬，毛泽东、蔡和森、萧子升等在新思想新文化的激励下，形成“奋斗、向上的人生观”，迫切追求真理，只愿意谈论时局、国事、人的天性、人类社会、中国、世界宇宙，并决心“集合同志，创造新环境，为共同的活动”。1918 年 4 月 14 日，在岳麓山下蔡和森家，进步革命团体新民学会正式建立，毛泽东、何叔衡、陈绍休（浏阳人）、邹鼎丞、张昆弟、蔡和森、邹蕴真、陈书农、周明谛、叶兆祯、罗章龙（浏阳人）、萧子升、萧三、李维汉等参加成立会。学会宗旨起初是“革新学术，砥砺品行，改良人心风俗”，后来发展为“改造中国与世界”，成为湖南五四运动时期革命群众斗争的组织者和中坚力量。

在近代为变法改革和民主共和作出过巨大牺牲，又富有革命传统的浏阳，在毛泽东的影响和指导下，新文化新思想的传播更是迅速。在辛亥革命精神的鼓舞下，浏阳一大批热血青年抱着救国救民的雄心壮志，告别家乡父老，奔赴湖南革命中心长沙，寻求革命真谛。他们中间最早的有陈昌、罗章龙、陈绍休、傅昌钰、钟国涛、彭道良、陈清河、张辉周、陈作为、欧阳辉等。其中，陈昌是1912年夏考入长沙中路师范学堂的，不久，该校即改为湖南公立第一师范。这所学校，除了教学条件较好、免收学膳费，更重要的是有浏阳达浒人孔昭绶两度担任校长，提倡学生自治和民主教育，有杨昌济、徐特立、方维夏、黎锦熙、王季范等一批思想开明，具有真才实学的教师。同学又多是家境贫寒、好学上进的爱国青年，都有救国救民、奋发向上、为国成才的志向。为此，思想激进的陈昌如鱼得水，集中精力在这里多学些知识，将来好为国家民族干番事业。

然而当时的湖南，由于革命遭受挫折，政局不稳，都督谭延闿为讨好袁世凯，到处捕杀爱国志士，一师的氛围也变得越来越紧张。尽管谭延闿竭尽全力，袁世凯仍心存疑虑，不久即派汤芗铭来湖南任查办使并挤走了谭延闿，从此湖南遂为北洋军阀所控制。被称为汤屠户的汤芗铭来到湖南后，全力逢迎袁世凯，大造各种刑具，迫害和残杀革命民众；巧立名目，乱派苛捐杂税，榨取百姓血汗；克扣教育经费，扰乱学校的正常教学秩序，强行向学生灌输封建腐朽的思想。为此，陈昌感到无比压抑和茫然，于是他开始不断思考社会改造和革命的路径，希望设法冲破这种黑暗的统治，砸碎这无形的枷锁。此时一师校长孔昭绶兼任《长沙日报》编辑，其所撰政论《讨袁檄文》，历数袁世凯二十四大罪恶，一师同学争相抄录传阅，影响甚大。1914年春，因学校合并，毛泽东也来到一师就读。毛泽东以救国救民为己任的远大抱负，独立思考、勇敢进取的学习精神和善于交谊、联系群众的活动能力，令陈昌拥赞和钦佩。他们一经接触，很快就成了志同道合的好友。当时，蔡和森、何叔衡、罗学瓒、张昆弟等也在一师读书，都通过毛泽东团结在一起了。从此以后，他们常结伴到老师杨昌济处聚会，讨论国家命运和前途，如饥似渴地阅读陈独秀主办的《新青年》杂志和李大钊在各进步报刊上发表的革命文章。他们在这里成立了哲学小组，专门研究新思想、新文化，探索革命真理。每次参加这些活动后，陈昌又设法将这些情况传达给浏阳进步学友。同时，他还利用节假日回乡机会，传播给当时设立在县城的浏阳甲种师范师生和家里的亲友。

1915年，省内反袁驱汤声浪日益高涨，一师师生尤为积极。这时，毛泽东等考虑，要改变湖南，改变中国之现状，必须有个组织团体，必须发动更多的有识之士共同奋斗，必须突破一师的圈子走向社会。这年暑假，即发起了“二十八画生”征友启事（“毛泽东”三字繁体为二十八画）。启事发出后虽因某种原因只“收到了三件半的回信，一件是罗章龙的回答”，却为后来新民学会的建立作了一定的思想铺垫，而经手办理征友启事的就是陈昌。陈昌从一师毕业后，进入一师附小担任级任教师。年末，一心要当皇帝的袁世凯宣布1916年年号改“洪宪元年”，并定于元旦正式即位。返家度假的陈昌得知这一消息，悲愤呐喊：“呜呼一去几时归，烈士空劳举世悲。”表达了他对辛亥革命失败的沉痛惋惜和对袁世凯称帝的无比憎恨。

1916年上学期，陈昌受聘到徐特立创办的长沙县五美高小执教。在此期间，他一边博览群书，一边利用自己的讲台向学生灌输爱国主义思想。他曾在课余写诗道：“同舟共济尚怆惶，大海茫茫渡未还。兄弟阋墙先御侮，凯歌高奏太平洋。”企盼各族人民团结起来，共同对付帝国主义的侵略。与此同时，从一师毕业的彭道良、张辉周、傅昌钰也先后回到浏阳从事教育工作。他们利用自己的阵地，向家乡人民大力宣传新文化、新思想。

为推动浏阳新文化运动，1917年7月20日，陈昌、罗章龙等从长沙回乡度假，与县内任教的部分学友相聚，交流了新思想、新文化的传播情况，并一同研读了毛泽东发表在《新青年》杂志上的《体育之研究》一文。聚会中，还商谈了假期生活安排，拟以一周时间，调查各地教育革新情况和问题。受新文化、新思想的熏陶，浏阳北乡卓然学校进步师生陈菊霖、田波扬、潘心源等组织“同心会”，开展禁烟禁赌，剪发放足和打轿子行动，并发动饥民阻止土豪劣绅及奸商运米出境，这在北乡一带震动极大。

1918年初，毛泽东为走访浏阳的学友，了解浏阳的社会民情和地理环境，特抽暇来到浏阳，首先到了家住文家市铁炉冲的陈绍休家。这里是个山冲，背后群峰起伏，前面溪水围绕，毛泽东极喜爱这个地方。白天他随陈绍休爬山涉水，晚上和陈绍休走家串户，还与当地群众在火炉边谈心，还学着做鞭炮栽引、扯筒子，深得当地群众的喜爱。他还邀集当地学界人士谈论时局和学界的义责。临别前，他特地和陈绍休一起在陈家屋旁移栽了两棵板栗树留作纪念。在陈绍休家小住后，毛泽东即在陈陪同下转至荆坪的张辉周家，进行社会考察，也在张家附近的五松山上栽了一棵桃树以示留念。最后，毛泽东来到了西乡土桥的陈昌家。好友重逢，倍感亲切。他们尽兴交谈，还到附近考察了小学教育和乡村问题。毛泽东这次来浏，虽时间不长，但增进了对浏阳的了解，与浏阳旅省学生的交往越来越深。

1918年4月14日，经毛泽东、蔡和森、张昆弟、何叔衡等组织发动，在长沙岳麓山溁湾镇侧的刘家台子蔡和森家正式成立了新民学会。出席这次成立会议并首先加入该会的浏阳驻省青年有罗章龙、陈绍休等，随后又有陈昌、傅昌钰、彭道良、钟国陶和熊淑彬、熊季光两姐妹（均为长沙周南女校学生）等八人加入，占学会初期会员的三分之一。学会虽名为学术研究团体，但在湖南党组织成立之前，实际上成了湖南革命运动的领导核心。

新民学会会员合影（第二排左二为浏阳人彭道良）

为了学习先进的科学技术，新民学会决定组织会员和进步青年赴日、赴法和赴俄勤工俭学。学会特委派罗章龙东行，赴日本了解情况，然后再定去向。罗到上海不久，忽闻东京正发生日警迫害中国侨民风潮，又从部分留日归国学生中得知当时日本政治黩武、学术剽袭，没有什么可学之处，即于愤怒中退掉船票回湘。罗章龙回湘后，向学会介绍了以上情况，便建议改东行北上。学会即先派蔡和森、萧子升赴北京安排。8 月，除何叔衡留守长沙外，毛泽东即率第一批会员抵达北京，其中浏阳籍有罗章龙、宋绍景。第二批有浏阳籍的陈绍休、陈绍常兄弟和孙发力等。这些会员到达北京后，除留国内负责学会会务的毛泽东在北大图书馆工作，罗章龙入北大文科学习外，均分别在北京、保定、蠡县布里村的留法预备班学习。其中浏阳籍的陈绍休、陈绍常兄弟在北京班学习。

1919 年五四运动爆发后，湖南青年留法勤工俭学运动达到高潮。同时，在新民学会和湖南学生联合会的组织下，成立了法华教育会湖南分会，并开办了长沙留法预备班。12 月，向警予、蔡畅等又发起成立了湖南女子留法勤工俭学会。1920 年初，成立了“湖南女子留法预备团”。经过初步的学习，即分批赴法。在这批共 12 名女学员中，浏阳籍有熊季光、熊淑彬、肖珉等三人。她们在法期间，又都参与组织并成为“开发海外大学女子请愿团”成员。这时，浏阳总计赴法青年达 18 人。当时，陈昌亦有外出的计划，但毛泽东考虑国内工作的需要，希望他留在长沙，以学校为阵地，为学校同时也为革命事业培养人才。毛泽东还特将这一想法写信商之于蔡和森。陈昌听从了他们的意见，放弃自己的出国计划，一直坚守教育阵地，协助毛泽东等在国内、省内开展革命活动。留法浏阳学生身在异域，却时刻关心着家乡的革命活动，经常写信给家乡的学友和亲属，通报他们的情况，介绍他们的主张，宣传他们的方针，鼓舞家属亲友投入新的斗争。他们还将自己翻译的有关俄国十月革命的书刊寄回家乡，供亲友学习。留法回国后，浏阳籍学生大多在外地从事革命活动。黄建中、陈绍常加入党组织后，被派回浏阳，积极参加家乡党的创建工作和各项革命运动。

第六章

烽火岁月

新民主主义革命时期的浏阳（1919—1949）

近代以降，在帝国主义的不断侵略之下，中国逐渐进入半殖民地半封建社会。在此阶段，中国人民一方面在反帝反封建的斗争中前赴后继，另一方面在为生存发展而艰难地跋涉，中国历史也在多事之秋中曲折向前发展。五四运动以后，随着民主思想的启蒙和新文化、新思想的不断传播，以及社会的向前发展，推翻了封建帝制之后的中国开始进入现代社会。1919 年五四运动的爆发，标志着中国新民主主义革命的开端。随着马克思主义的广泛传播，中国共产党的成立，革命道路的确立，中国革命的面貌从此焕然一新。从 1919 年至 1949 年的 30 年里，敢为人先、充满血性的浏阳儿女，积极投身到轰轰烈烈的大革命、土地革命和民族解放的热潮中，前赴后继，不畏牺牲，使浏阳成为湘鄂赣苏区的核心区域和红色摇篮，为中华人民共和国的成立做出了巨大的贡献。

第一节

赤子初心

——五四精神和新文化、新思想在浏阳的传播

浏阳自古人杰地灵，民风强悍。浏阳人富有血性，敢于牺牲，近代以来，从“三湘四杰”谭嗣同、唐才常、焦达峰、陈作新为救国图强维新变法和走向共和先后流血牺牲，到“五四”前后罗章龙、陈昌等早期革命者追随毛泽东传播新思想、新文化和马克思主义，无不昭示着浏阳儿女为革命理想奋斗的赤子初心。

1. 五四运动的影响

1919 年，五四运动爆发。浏阳籍学生罗章龙、李梅羹、宋绍景、宋天放等参加了这一爱国行动。在浏阳的新民学会会员彭道良等，也带领师生罢课，上街游行。5 月中旬，湖南学生成立了学生联合会，浏阳旋即成立了分会，配合全省学生运动举行总罢课，把反日声浪推向了高潮。

2. 新文化和马克思主义思想在浏阳的传播

1920 年 7 月，毛泽东、陈昌等人先后从京、沪回到长沙，继而与何叔衡、易礼容等着手创办文化书社，销售《新青年》《劳动界》《中国青年》《先驱》等积极介绍马克思学说的进步书刊。

1920 年冬，在毛泽东的支持下，陈昌等人于金江高小创办了文化书社浏西分社。1922 年春，陈昌、夏明翰、黄谱笙、潘介棠等又组建了浏西文化促进会，推陈昌为会长。陈昌联络陈清河、陈作为等浏阳学友在长沙成立了驻省同学会，创办了浏阳第一个革命刊物《浏阳旬刊》(后改为周刊)，以宣传马克思主义、新文化、新思想为宗旨。

田波扬、潘心源等进步学生组织成立了“浏北新民社”，创办不定期的免费赠阅的革命刊物《浏北新民》。《浏北新民》配合《浏阳旬刊》，勇敢坚定地站在共产主义的旗帜下，以宣传马列主义为己任。

浏东、浏南学生则在王首道、张启龙等人的倡导下，也各自组织了“以文社”等进步团体，他们和浏西、浏北的进步团体一起，在家乡共同传播革命真理，探索革命道路。

第二节

星星之火

——中共浏阳早期地方党组织的建立

毛泽东于1920年冬牵头创建了长沙共产党组织，随后建立中共湖南支部，进而成立中共湘区执行委员会。追随毛泽东的部分浏阳籍新民学会会员和在长沙的学生先后加入共产党组织，和夏明翰等早期共产党人一起在浏阳成立中共早期地方党组织，革命的星星之火开始在浏阳燎原。

1. 浏阳最早的党支部中共金江学校支部诞生

1921年10月10日，中共湖南支部成立，毛泽东任书记，何叔衡、易礼容等为委员。湖南支部成立后，夏明翰受毛泽东、何叔衡委托，介绍陈昌入党。1922年，金江学校已有夏明翰、陈昌、陈作为三名共产党员。根据斗争的需要，10月上旬，经中共湘区委员会同意，中共金江学校支部秘密成立，陈昌任支部书记。

2. 组建浏阳农村特别支部

1925年5月，中共湘区委派安源路矿共产党员周克明、彭庚三、陈景潜回浏阳，协助夏明翰、潘心源、田波扬开展建党活动，并于当年清明节在北乡毛公桥刘家庵召开支部大会，成立中共浏阳农村特别支部。会议最后选举产生了支部委员会，推周化驯任支部书记，罗八任组织委员，伍志芳任宣传委员。

3. 召开中共浏阳县第一次代表大会

1926年10月5日，中共浏阳县第一次代表大会在县城文庙召开，会期4天。出席会议的代表有潘心源、张侃、张启龙、邵振维（女）等96人，代表着全县22个支部、516名党员。会议选举潘心源、张侃、张启魁、郭起、罗纳川、黄颐（女）、于汉雯等7人为委员，潘心源任书记。

中共浏阳地方委员会的成立，是浏阳中共党史上划时代的里程碑。从此，中国共产党的路线、方针、政策在浏阳贯彻执行有了组织保证，浏阳人民在党的领导下有了共同的奋斗目标，开始了不屈不挠、艰苦卓绝的斗争历程。

第三节

携手前进

——浏阳境内的第一次国共合作

1924年1月，中国国民党第一次全国代表大会胜利召开，会议确定了反帝反封建的政治纲领与联俄、联共、扶助农工三大政策，标志着中国共产党与中国国民党第一次合作的正式实现。大革命的初期和中期，同全国很多地方一样，国共两党在包括浏阳在内的湖南长沙地区进行了比较成功的革命合作，中国共产党成为这些地区工农群众运动的主要发动者和组织者，革命统一战线不断携手向前推进。

1. 帮助国民党建立地方组织

1923年6月，中共三大决定采取共产党员以个人身份加入国民党的方式实现国共合作。中共湘区委员会采取组织措施，先后动员一批共产党员和青年团员以个人身份加入国民党，帮助该党发展基层组织。当时，浏阳的陈昌、傅昌钰、李九鸣、陈清河、刘春仁等都跨党加入了国民党。至1926年春，全县大部分地区都有了共产党帮助成立的国民党基层组织。

2. 开展反帝爱国运动

在国共合作初期，浏阳一批共产党员遵照中共湘区委员会的指示，积极开展群众工作，组织反帝反封建军阀的爱国运动。1924年10月，全县各进步团体发起成立了“浏阳反帝大同盟”，潘介棠、朱建盛分别当选为正、副主任。从此，浏阳人民在中共地方组织的领导下，投身以国共合作为政治基础的反帝反封建的大革命的洪流。

3. 支援北伐战争

1926年7月11日，北伐军叶挺独立团进抵长沙。受中共湖南区委指派，中共浏阳县委书记潘心源以国民党湖南省党部特派员的身份主动与各界商议迎接和支援北伐军的工作，并在县城成立了浏阳各界欢迎北伐军筹备处。

7月24日，叶挺独立团和第六军一部由醴陵进入浏阳，首抵金刚头。北伐军进入县城前，潘心源、罗席珍等带领各界代表，走出五里外迎接，当晚在县城召开隆重的联欢大会。独立团离开浏阳后，先后又有北伐军第四、第六、第八军各部队进入浏阳，也受到沿途群众的欢迎。

第四节

风起云涌

——浏阳的农村大革命运动

以推翻帝国主义在华势力和北洋军阀为目标的大革命运动，是在国共两党统一战线的基础上进行的。中国共产党通过革命统一战线这个平台，宣传共产党的纲领，把共产党的组织向基层渗透。这一时期，浏阳的农村普遍建立起共产党的组织，使基层党组织成为工农运动的中坚力量，将轰轰烈烈的大革命形势不断推向高潮。

1. 加强对农民运动的领导

从1925年开始，浏阳北盛、蕉溪、永和、枫林等地区秘密建立了农民协会。1926年9月上旬，浏阳县第一次农民代表大会在县城文庙召开，会议决定全县以原21个大团管辖的范围，划为21个区，每区设区农民协会。会议选举罗纳川、彭庚山、赵汝钦等11名共产党员组成浏阳县农民协会委员会，推罗纳川为委员长，浏阳农民运动很快进入了新的发展阶段。

2. 展开经济政治斗争和经济文化建设

中共浏阳县委认真执行省委各项指示及省农民代表大会决议，引导各级农协把农民运动推向前进。清算公堂、寺院的财产。推倒封建政权、族权、神权、夫权。实行减租减息。全面禁毒禁赌。组建特别法庭，镇压反动分子。推动民主选举县长，共产党员邵振维成为浏阳历史上第一位女县长。

3. 组建浏阳工农武装

从1926年起，农民自卫军、工人纠察队先后建立。1927年3月，中共浏阳县委将全县团防局的枪支全部接管，成立浏阳工农义勇队，任命苏先骏为总队长，徐骐为党代表，罗纳川为参谋长。下设3个大队、9个中队，共774人枪。这就为我党以后在浏阳开展武装斗争奠定了基础。

4. 在大革命中发展壮大浏阳党组织

大革命时期是中共党组织发展的有利时期。到 1926 年中共浏阳县第一次代表大会前夕，全县已有 22 个支部，共 561 名党员。县委成立后，在东南西北四乡先后建立了 21 个区委。到“马日事变”前夕，浏阳 300 多个乡大多建立了党的支部，共有 1760 名党员，大都在群众组织中肩负重任，成为革命的中坚力量。

5. 五万浏阳农军会攻长沙

1927 年 4 月 12 日，蒋介石在上海发动“四一二”反革命政变，5 月 21 日，反动军官许克祥在长沙发动“马日事变”，国共合作破裂。省农协在湘潭召开军事会议，决定成立湖南工农义勇军总司令部，统一指挥攻打长沙的整个军事行动，组织长沙周边十万农军会攻长沙。5 月 31 日，在共产党员潘心元等人的组织领导下，浏阳出动五万农军参与攻城行动，彰显了浏阳人在危急关头为了革命事业挺身而出的英雄气概。终因敌我力量悬殊，攻城失败。此后，浏阳党组织转入地下活动，浏阳工农武装转移到湘赣边境继续战斗。

第五节

霹雳一声暴动

——浏阳成为秋收起义的核心区域

1927年8月7日，中共中央在汉口召开紧急会议，会议总结了大革命失败的经验教训，确定了开展土地革命和武装反抗国民党反动派的总方针。会后，中央派毛泽东以中央特派员身份回湖南传达八七会议精神，改组省委，领导秋收起义。9月9日，在毛泽东的亲自领导下，震惊全国的湘赣边界秋收起义爆发。浏阳、平江、铜鼓、醴陵等湘赣边地区成为秋收起义的核心区域。尤其是在浏阳，白沙大捷成为毛泽东革命军事生涯的新起点，文家市会师实现了秋收起义的伟大战略转折，对于保存革命力量，开辟农村包围城市的正确革命道路，具有重大而深远的意义。

1. 毛泽东回湘传达中央八七会议精神，领导秋收起义

八七会议后，中央派临时政治局候补委员毛泽东和彭公达回湖南宣传中央新政策及改组湖南省委。8月16日，湖南新省委成立，彭公达为省委书记。18日，毛泽东出席了改组后的中共湖南省委会议。会议先讨论了秋收暴动计划和暴动区域问题，决定湖南暴动以长沙为中心，同时暴动的为长沙、湘潭、醴陵、浏阳、平江、安源、岳州等七县市。

9月3日，在张家湾安源工人补习学校，毛泽东主持召开了湘赣边界军事会议。会上，毛泽东传达了八七会议精神和省委秋收暴动计划，潘心源受毛泽东委托作了湘赣边界军事情况的报告。会议正式成立了以毛泽东为书记的湘赣边界秋收暴动指挥机构——中共湖南省委前敌委员会，并宣布卢德铭为秋收起义部队总指挥。参加起义的部队组建了工农革命军第一军第一师，下辖第一、二、三团。驻铜鼓的浏阳工农武装和警卫团一个营被编为第三团。

2. 毛泽东指挥第三团首战白沙告捷，开启革命军事生涯新起点

9月9日，长沙起义爆发。10日，第二团在安源起义。11日，毛泽东向第三团下达了进攻浏阳的命令。随后，率部向浏阳白沙镇进发。白沙之

战只用一小时左右结束，除击毙敌20余人外，还生俘100余人，缴获了一批枪支弹药。毛泽东喜称白沙首战告捷为“旗开得胜，马到成功”。这是毛泽东直接参与指挥的第一次作战行动，也是他革命军事生涯的新起点。

9月14日晚，毛泽东在上坪召开了三团连以上干部会议，决定停止直取浏阳、会攻长沙计划，转向南乡文家市会合后再定去向。

3. 秋收起义部队会师文家市

9月20日，工农革命军第一、二、三团共1500余人集合在文家市里仁学校操坪上举行会师大会，毛泽东发表了重要讲话，进一步阐述了枪杆子的重要性，提出要建立和加强革命武装力量，保卫土地革命斗争的深入开展。文家市会师，是秋收起义的伟大战略转折，对于保存革命力量，开辟革命的正确道路，具有重大而深远的意义。

9月21日上午，工农革命军在毛泽东、卢德铭的率领下，高举红旗，沿着罗霄山脉中段行进。10月27日，到达茨坪，工农革命军胜利完成了转移任务，开始了井冈山革命根据地的初创时期。跟随毛泽东上井冈山的浏阳籍指战员有宋任穷、寻淮洲、朱建盛、廖克平、黎保等400余人，他们后来都成了红一军团的骨干力量。

湘赣边界秋收起义是中国共产党独立领导的中国革命战争，它组建了一支由党直接领导的人民军队，开辟了一条在农村建立根据地，发展革命力量的正确道路。这条道路代表了1927年大革命失败后的中国革命的发展方向，在中共党史、军史和人民革命史上留下了光辉的篇章。

第六节

红色摇篮

——浏阳工农武装割据和苏区建设

秋收起义的爆发，极大振奋了以浏阳、平江等为中心的湘赣边界革命群众的斗志，使浏阳人民又看到了革命的希望。在毛泽东和中共湖南省委及湘赣特委领导下，恢复了中共浏阳县委，组建中共浏东特别支部，进一步恢复发展区乡党组织，组织开展了一系列武装暴动；重建浏东、浏西、浏南和浏阳游击总队等地方武装；召开浏阳县第一次工农兵代表大会，建立各级苏维埃政府，参与湘鄂赣红五月总暴动，配合红三军团攻打长沙和取得文家市大捷；在浏阳永和李家大屋成立红一方面军即中央红军；投入反围剿斗争，在苏区开展政治经济和文化建设，捍卫红色政权，并为中央红军和苏区建设输送了大量优秀人才。

1. 加强中共党组织建设和建立苏维埃政府

1927 年 10 月下旬，夏明翰、潘心源等在砰山的丰富岭召开了北区党的负责人会议，会上，夏明翰代表中共湖南省委宣布恢复浏阳县委工作，县委代号为“周先”，仍以潘心源为书记。不久之后，建立了以王首道为书记的中共浏东特别支部。1928 年 6 月，潘心源被调入中共湘东特委工作后，由张启龙接任县委书记，县委工作由王首道主持，张启龙重点负责游击队工作。

1929 年 3 月 2 日，中共浏阳县第二次代表大会在平江县小槽黄泥湾召开，到会代表共 40 余名，代表着全县 2000 余名党员。1930 年 3 月 27 日，中共浏阳县第三次代表大会在东乡狮子山板坑召开，到会代表 180 名，代表着全县 3700 余名党员。

随着农村革命根据地的建立和苏维埃运动的深入开展，到 1930 年春，全县 24 个区和 321 个乡都建立了苏维埃政府。1930 年 4 月 12 日，浏阳县第一次工农兵代表大会在东乡七宝山狮山庙召开，到会代表 180 人，选举产生了以张启龙为主席的第一届县苏维埃政府执行委员会。

2. 建立浏阳赤卫军，配合红三军团攻打长沙

1930 年 5 月，县委、县苏维埃政府将全县游击队和赤卫武装统编为浏阳赤卫军，直属县苏维埃政府军事部，由徐洪任总指挥，张启龙兼总政委。5 月 1 日，总暴动在全县爆发。5 月 2 日，浏阳赤卫军攻占浏阳县城。

1930 年 7 月 27 日，红三军团在平浏赤卫军的配合下，从浏阳的永安市和长沙县的春华山出发，分两路夹击长沙，当天下午攻克全城。为保存革命力量，红三军团于 8 月 5 日分两路主动撤出长沙，一路经黄花市退往平江，一路经永安市退往浏阳。

3. 红一军团取得“文家市大捷”并与红三军团会师永和，浏阳成为红一方面军诞生摇篮

为支援红三军团，巩固和发展湘鄂赣根据地，使之与中央苏区连成片，1930 年 8 月 18 日，毛泽东、朱德率领红一军团特从江西的安义、奉新出发，进军浏阳。20 日，取得文家市大捷，这是红一军团成立以来取得的一次重大胜利。

8 月 23 日，红一、三军团在永和会师。同日，根据中共中央和中央军委的命令，红一军团和红三军团合编，在永和正式成立中国工农红军第一方面军（简称红一方面军），全军共 3 万余人。朱德任总司令，毛泽东任总前委书记、总政委和中国工农革命委员会主席，彭德怀任副总司令，滕代远任副政委，朱云卿任参谋长，杨岳彬任政治部主任。

25 日，红一方面军按照中央指示攻打长沙。县委、县苏维埃政府率全县工农武装全力配合作战，并负责粮草供应。9 月 12 日，红一方面军撤往江西。县委、县苏维埃政府率工农武装撤回县内待命。

4. 开展土地革命和反围剿斗争

随着土地革命运动的深入开展，县委应广大农民的迫切要求，将开展土地分配作为一项主要工作，强调全县各地抓紧落实，并组织开展了紧锣密鼓的工作。由于县委的正确领导，广大农民的积极参与，土地分配工作进展得非常顺利。苏区农民积极支持亲属子女参加革命工作和上前线杀敌

立功，同时将多余的粮食支援前线，为反“围剿”、反封锁斗争做出了新的贡献。

国民党当局为配合蒋介石的军事“围剿”，封锁交通，截断湘鄂赣苏区军民对中央红军的支援。又以陈光中部直窜浏阳，分驻全县各主要集镇。1931 年 5 月中旬，浏阳县委、县苏维埃政府成立了赤卫委员会，下设赤卫军指挥部，统一指挥全县赤卫武装。全县武装力量经过调整后，在红十六军和湘鄂赣独立师、平浏长游击大队、浏南游击队、萍浏醴游击队的支持配合下，向进扑苏区的敌人展开了全面的回击，致使敌人日夜龟缩在碉堡内，不敢再进入苏区侵扰。

在激烈的反“围剿”斗争中，县委根据党中央和湖南省委的指示，带领苏区军民英勇抗击，开展富有特色的苏区经济文化建设，取得了重大的胜利，保卫和巩固了红色政权。

第七节

抗日烽火

——建立浏阳抗日民族统一战线和开展对敌斗争

七七事变爆发后，根据中共中央关于同国民党合作抗日的方针，湘鄂赣红军与国民党各级部队和地方党政机关进行了和平谈判，并达成了抗日民族统一战线，湘鄂赣地区第二次国共合作开始。在民族存亡的紧要关头，在国共两党合作之下，包括浏阳在内的长沙地区人民以气壮山河的英雄气概，同仇敌忾，奋起抗日，付出了伟大、悲壮的代价，做出了卓越的贡献。

1. 抗战爆发时的浏阳局势

全面抗日战争爆发后，由于国民党当局的残酷“清剿”，三年游击战争失败后，浏阳革命根据地除大围山苏区外，均沦为国民党统治区。1937年11月20日，南京国民政府任命张治中为湖南省政府主席。张治中主持湘政后，顺应时代潮流，实行联共抗日，对共产党采取了友好的态度。此时，担任南京中央内政委员会委员的徐庆誉，主动请缨回浏阳家乡投入抗日救亡运动，蒋介石任命其为湖南省行政区督察专员兼浏阳县县长。徐庆誉到达浏阳后坚持国共合作、共抵外侮的主张，对抗日民众团体和抗日言论自由相当开放。这为浏阳的国共合作抗日，提供了有利环境。

2. 建立抗日民族统一战线

1937年8月29日，中共湘鄂赣省委代表和国民党武汉行营代表，经多次谈判后达成三条协议 :(1) 湘鄂赣红军游击队以平江嘉义为中心进行集结；(2) 湘鄂赣红军游击队暂改编为抗日第一游击支队，由傅秋涛任司令，刘玉堂为副司令；(3) 游击支队军需供给由武汉行营按月发给，每月发饷一万元。至此，湘鄂赣边区抗日民族统一战线正式建立。

通过浏阳县委积极全面开展抗日民族统一战线工作，全县总体上形成了抗日民族统一战线的新格局，提高了县委和各级党组织在抗日救亡工作中的地位，赢来了合作抗日的新曙光。

3. 恢复和发展中共浏阳党的组织

七七事变后，中共湘鄂赣省委在建立抗日民族统一战线的同时，果断作出了抓紧恢复各县县委和基层党组织的决策。从 1937 年秋至 1938 年春，全县共恢复和新建了 35 个党支部，拥有党员 400 多名。这些党员遍及东乡、北乡和上南乡，成为浏阳抗日救亡的中坚力量。

鉴于浏阳党的基层组织大部分建立起来，中共湘鄂赣特委决定恢复浏阳县委。1938 年 2 月 12 日至 14 日，特委书记涂正坤在浏阳组织召开了有 20 多人参加的全县党的活动分子会议。会议总结了合作抗日以来浏阳恢复和发展党的基层组织等各项工作的成绩，并就继续巩固和发展党的组织，深入开展救亡宣传，坚持抗日民族统一战线等问题发表了意见。最后，涂正坤代表特委宣布正式恢复中共浏阳县委，指定陈洪任书记。

县委恢复后，加大了基层党组织恢复与发展的力度。至 1939 年春，全县共设 43 个党支部，拥有党员 600 余名。

4. 日军五次进犯浏阳和浏阳人民开展抗日斗争

抗战爆发后，随着上海、南京和武汉等地相继沦陷，日军迅速向湖南地区推进，长沙成为湖南抗敌的主战场。这一时期，位于湘东的浏阳，多次被日本侵略者进犯和轰炸，浏阳人民为保卫国土和捍卫家乡，奋起英勇抗击日本侵略者，开展了艰苦的斗争，付出了巨大牺牲。

1938 年 11 月 10 日，日本侵略军对浏阳县城进行了重点轰炸，损失极为惨重。1939 年 9 月 29 日，日军首次犯浏，窜扰永安、跃龙、镇头、柏嘉山等地。1941 年 9 月 27 日，日军再次犯浏，浏阳西北乡 23 个乡镇遭蹂躏，永安、北盛、镇头、跃龙等地受害最深。1941 年 12 月 21 日，日军第三次犯浏，窜扰永安、北盛、普迹、镇头、柏嘉山等地。1944 年 6 月初，日军从两路直捣浏阳，6 月 5 日，浏阳县城沦陷。1945 年 7 月 16 日，日军第五次犯浏。日军五次犯浏，实行“以战养战”，大肆劫掠资财、奸淫烧杀，横行暴虐，使浏阳人民遭受深重的灾难。

日本侵略军的暴行，激起了浏阳人民的深仇大恨，并化作反对侵略战争的强大动力。1944 年 6 月初，日军第三、第十三师团某部从平江九岭犯浏。国民党川军杨森部郭春华营奉命在平浏交界的分水岭阻击日军。1944 年 6

月12日，日军某部经官渡杉树坳，过横山，直抵蒋埠江。国民党新三军和五十八军所属某部在蒋埠江南岸设伏阻击。1944年5月18日，盘踞在春华山的日军六四一师八十三联队200余人，经王子渡、罗家冲侵扰沙市大桥市，企图抢劫民财补充给养，被国民党军队第九十九师某团歼灭。浏阳当地隐蔽下来的共产党员、老农协会员以及广大民众积极参战，同仇敌忾痛击日寇。

国民党统治集团由联共抗日，又迅速转为消极抗日，积极反共。1940年6月，中共浏阳县委被迫停止工作，部分基层组织仍然坚持隐蔽斗争。

第八节

红旗漫卷

——中共浏阳县工委成立

经历了大革命和土地革命后的中共浏阳党组织，在抗战初期与国民党当局建立统一战线，开展了大量工作，但随着中共党组织的发展，在国民党一系列限共、溶共行动后，中共浏阳县委被迫停止公开工作，转入隐蔽斗争。抗战胜利后，中共浏阳县工委成立，浏阳的党组织得到恢复发展。

1. 抗战胜利后的浏阳政治局势

抗战胜利后，浏阳当局追随国民党统治集团的部署，执行防共、反共方针，继续实施反动统治。由于遭受日军侵犯的空前浩劫，加上自然灾害的连续发生，浏阳经济处于大崩溃、大萧条状态。其时，国民党政府为了发动内战，维系庞大的军费开支，不断加重赋税的附征率，更加引起了浏阳民众的极大不满。

2. 恢复和发展中共浏阳基层组织

1945 年，中共中央制定向北发展、向南防御的战略方针。10 月，中共湖南省工委书记周里在长沙秘密召开省工委会议，讨论抗战胜利后的形势和任务，确定的工作重点是：重新进入城市，到工人、学生中去建立城市工作的基础，发动和领导城市民主运动；继续做好农村工作；在全省范围内恢复和发展党的组织，建立城乡工作据点。当时，全省只有党员 600 多名，浏阳党员人数 50 名。

在省工委重新领导下，浏阳基层党组织逐步恢复和发展起来。地下党组织在北乡陆续建立了北盛支部、泸渚支部、牛舌（现属洞阳镇）支部、窑里（现属北盛镇）支部、忠诚支部、淳口支部，在南乡建立了金刚支部、山虎支部、杨花支部、湘赣边区浏南总支、储平支部、时仁支部，在西乡建立了百亩田党支部、浏醴总支，在东乡建立了三口支部。

3. 成立中共浏阳县工委，为浏阳解放打好组织基础

从1946年4月到1948年8月止，东南西北四乡大部分地区建立了党的基层组织，为适应斗争形势的需要，罗振坤按照省工委的指示，于1949年2月建立了中共北区工委，由赵振湘任书记。区工委建立后，一方面在有条件的地区发展壮大党的组织，另一方面向广大群众宣传党的方针政策和解放战争的大好形势，进一步发动群众组织农会，在“二五”减租的基础上，展开抗丁、抗粮、抗税和反饥饿、反内战、反迫害的斗争，并在工作中培养贫苦农民和具有先进思想觉悟的贫苦知识分子，为扩大党的组织创造条件，并按照省工委关于建立地下武装的有关指示精神，积极慎重地做好准备工作，以加强与国民党顽固派作斗争的实力。

1949年3月，省工委指示全省各级党组织，必须加强党的组织建设、思想建设，迎接新形势下的斗争。根据浏阳地下党组织发展较快的特点，省工委决定将原北区工委扩大成立中共浏阳县地下工作委员会，推赵振湘为书记。至此，浏阳地下党组织已经遍及全县各地，共组建88个党支部，有党员1639名，成为动摇和捣毁国民党基层政权的核心力量。

第九节

过眼云烟

——民国时期浏阳的政治治理

民国初期，浏阳所在的长沙成为南北军阀争夺和混战的主战场，这一时期主政湖南的先后有袁世凯的亲信汤芗铭、皖系军阀傅良佐、桂系军阀谭浩明、皖系军阀张敬尧等。军阀暴政下的湖南，局势混乱，经济萧条，社会倒退，民不聊生。随着五四运动爆发和俄国革命胜利后马克思主义传入中国，经历了大革命、土地革命、抗日战争和解放战争各个时期，逐渐觉醒的中国民众和中国社会开始发生深刻的变化。在这个过程中，民国时期浏阳的政治治理也体现了较强的时代特色。

1. 体制、机构

浏阳设县历史悠久，民国之前封建社会统治时期浏阳设县令或知县。民国元年(1912)，知县改称知事，县衙改称县行政厅。下设民政、财政、教育、警务四科。另设司法署，置司法官；设典狱署，置典狱官；设警务公所，置所长。民国三年，行政厅改称知事公署，下设一、二科。民国十四年，知事改为县长。县长公署仍设一、二科，各置科长1人、科员2人，办事员及书记若干人。民国十五年7月，国民革命军北伐进入浏阳。浏阳县建立了以共产党员及国民党左派为主体的国民政府。同时，将劝学所改为教育局。民国十六年4月，县长萧骧被驱逐，另组县政务委员会，选举共产党员邵振维(女)为主席，行使县长职权。“马日事变”以后，县国民政府仍称县长公署。民国十八年3月，县长公署改称县政府，设两科及教育、财政、公安三局。公安局于同年12月改称警察局。民国二十一年冬，湖南省政府指定浏阳等14县为提前实施自治的县份。二十四年撤教育局，设教育科。民国二十六年7月，撤财政局，并入第二科。民国二十七年，设第三科，旋改为建设科。同年，设兵役科，次年改为征训科，二十九年改为军事科。民国二十九年，浏阳县被定为甲等县。县政府所属机构基本定型，计有民政、财政、建设、教育、军事五科，会计、指导员两室，以及警察局、卫生院、防护团、监狱署、救济院等。县政府设主任秘书，统一指挥各科室，在县长公出时代行县长职权。民国三十年，增设社会科，三十三年并入民政科。民国三十三年6月，县城沦陷，县政府迁往东乡凤凰岩。三十四年2月，日军溃退，县政府迁回县城。民国三十八年7月19日，浏阳解放，县政府被接管。

民国时期，浏阳除县政府之外，还成立有县议会，对行政厅有监督之权；又有参议会，名义上是“民意代表机关”，而实际只是一个官方咨询机构，所作出的决议，县政府多数未予实施。

2. 国民党体系组织沿革

中国国民党浏阳地方组织包括中国国民党和三民主义青年团。民国十三年(1924)起，浏阳一批共产党员跨党加入国民党，积极帮助国民党发展各级地方组织。民国十四年，北伐军入湘后，国民党才公开活动，并迅速发展。8月止，全县共建有80多个区分部，党员5000余名。8月中旬，召开国民党浏阳县第一次代表大会，选举产生了中国国民党浏阳县执行委员会。民国十六年5月“马日事变”后，国民党右派篡夺了领导权，开展清党运动，清洗和迫害共产党员和国民党左派，使国民党变成了大地主、大资产阶级的政党。至此，国共合作彻底破裂，国民党的组织也遭到严重损失。民国二十六年第二次国共合作后，在抗日救亡运动中，浏阳的国民党组织又得以逐步发展。民国三十四年，党员人数恢复到北伐时期的数量。三十六年，为适应竞选“国大代表”的需要，硬拉滥凑，全县党员人数骤增至2万多人。三十八年7月，浏阳解放，县内国民党组织瓦解。

组织机构主要有县党部、区党部和区分部。县党部从第一次代表大会到“马日事变”前，其领导核心是执行委员会和监察委员会。县党部后来一度变更为中国国民党浏阳县整理委员会、浏阳县党务指导委员会。民国三十八年1月下旬，省党部下令浏阳县执、监委停止活动，并指派县长魏逸群兼党团统一委员会书记长。

县党部以下，在乡镇(原为大团)一级设区党部。但一个乡镇内不足三个区分部时，须并入临近区党部，或呈请省党部核准成立县直属区分部。区分部为最基层组织，不使用钤记、印章。

三青团。三青团浏阳分团筹建于民国二十八年(1939年)，其组织机构包括分团部、区队和分队。至民国二十九年5月，全县共有三青团员1500名。三十七年5月，国民党、三青团党团合并，实质上是取消三青团，但一直僵持未成，直到解放，国民党和三青团才一起覆灭。

第十节

民国纪事

——民国时期浏阳的经济社会发展状况

辛亥革命推翻了几千年的封建专制政权，建立了民主共和制度，进入了民初南北军阀争夺混战和国民党统治的时期，但是由于资产阶级民主革命的不彻底性及其所代表利益阶层的局限性，现代中国半封建半殖民地性质并没有完全改变，而且因为长期处于国内战争和抗日战争的特殊环境，经济社会虽然得到一定发展，但是总体进步缓慢。这一时期的浏阳与全国总体水平基本同步，同时也具有一定的地域发展特色。

1. 总体的经济社会发展状况

（1）人口

浏阳人口在中华民国元年 (1912) 达到 800000 人，之后快速增长， 到民国六年达到 878936 人，民国十五年为 81.965 万人。但后来由于国民党对苏区实行“三光”(杀光、抢光、烧光)政策，加上日寇的轰炸、屠杀以及自然灾害病疫流行，人口又大量减少。至民国三十六年降到 690958 人，直至新中国成立的 1949 年底，浏阳人口为 775000 人。

（2）农业生产

浏阳是综合性农业经济县。种植业在全县国民经济中素占重要地位，其中尤以水稻种植为主。到 1949 年，全县粮食总产量仅 18.91 万吨，平均每人 244 公斤。其中水稻播种面积 131.28 万亩，总产稻谷 17.01 万吨，播面亩产 129.5 公斤，农业总产值 6275 万元，平均每人 81 元。广大无地、少地的农民，在交纳地租和各项苛捐杂税之后，收成所剩无几，长期过着“糠菜半年粮”的贫困生活。

浏阳其他农作物还有红薯、麦类、豆类、高粱、油菜、花生、芝麻以及水果、烟草、茶叶、蚕桑、苎麻、棉花、甘蔗等经济作物，有的如苎麻、蚕桑、茶叶等已达到相当规模，成为浏阳的著名特产。

浏阳县的畜牧业生产，历来以养猪为主，牛、羊、鸡、鸭次之，其他畜禽数量很少。1949 年末统计，全县生猪饲养量为 13.42 万头，户平均 0.78 头，年内出栏肥猪 4464 头，存栏耕牛 51030 头，存栏山羊 1500 头，当年畜牧业总产值为421.96万元。

水产业方面，县内农民利用池塘、稻田养鱼和在天然水域捕鱼的历史较长。到1949年，全县共利用养殖水面20896亩，年产鲜鱼720吨，其中养殖480吨，平均亩产23公斤。

（3）工业生产

封建和半封建社会时期，浏阳工业以个体手工业为主。到民国三十六年(1947)，个体手工业形成行业的有纸伞、刨烟、夏布、土布、酒酱、瓷器、银器、竹木鞭炮、油烛、土纸、铁器、禾镰、书纸印刷、织袜、缝纫、染织、鞋帽、炼硝等，从业人员逾万，产品多自产自销。但因长时期的社会动荡，不少产品受外商钳制，其中一部分逐渐为机械产品所取代，多数手工业工人生计艰难。到1949年浏阳解放时，官办工业只剩渡头纸厂1家，私营工业有复耀电灯公司等15家。

浏阳的很多轻工业产品在历史上就久负盛名，有鞭炮烟花、纺织、造纸、印刷、食品、工艺美术等，门类较多。鞭炮烟花、夏布、菊花石雕、豆豉等浏阳特产，在国内外享有较高声誉。

（4）交通运输和商贸流通

交通运输，浏阳自昔三河(浏阳河、捞刀河、南川河)通航，以浏阳河流程最长，运量最大。民国二十年、二十七年(1931、1938)，始有长沙至永安、浏阳、东峰界和大瑶至醴陵公路先后建成通车，而沿线均为砂石路面，桥梁多为临时性构筑，路况十分低劣。民国二十八年，国民党破路以阻挡日军，全县公路和乡村大道被严重破坏，民国三十四年、三十六年方告修复。至1949年解放前夕，境内公路通车里程仅有81.34公里。河道则因多年失修失养，境内航程由原来的289公里减至180公里。因浏阳特产众多，水运较便利，对外贸易起步较早。

（5）财政

民国时期，县财政收入由田赋、税收、财产收入、补助收入、其他收入等五个部分组成。民国二十年(1931)前，田赋及附加收入占财政总收入的75%以上，补助收入占15%。民国二十年后，田赋及附加收入所占比重逐渐下降，税收和财产收入比重上升。民国二十九年，县财政总收入39.3万元，其中田赋占53%，税收占18.3%，财产收入占16.8%，补助收入占8.9%，其他收入占3%。

民国时期，县财政支出主要由上解支出、地方支出、行政费、党务教育费、文教费、卫生经费、救恤费构成。

（6）市政建设

浏阳县城古名淮川，只因道吾、蕉溪二水汇经城西龙津港入浏阳河，名淮川，镇以水名。城区原来有城墙，从今人民路东城口起，经圭斋路至北城口，再沿嗣同路至西城口，绕才常路至南门口，然后经达峰路与东城口相交，城内面积为0.3平方公里。城外旧街东有东正街、高升街、清泉街（今并为正东街）、东街口、磨石街（今建设路西段）；北有北斗街、拱北街（今北正路十字口以北一小段）、豪兴街；西有西长街（今才常路以西）；南临浏阳河，隔岸为南市街。民国时期陆续拆除城墙，沿城墙旧址改修圭斋、嗣同、才常、达峰四路，形成环城马路，从此城无内外之别。1949年城区有常住人口16119人。

民国时期的集镇有白沙、东门市、达浒、官渡、永和市、沿溪桥、古港、张坊、高坪、文家市、澄潭江、大瑶铺、金刚头、青草、枨冲、普迹、镇头市、柏加山、社港市、龙伏市、沙市街、羊古滩、洞阳市、北盛仓、永安市等。解放后，由于交通改道而废旧街、建新街的有高坪、沿溪桥、镇头市、龙伏市、羊古滩（新街称淳口）和洞阳市等，其余各集镇也扩旧建新。另外，随着政治、经济中心的转移，还有太平桥、牛石岭、砰山、丰裕山、乌龙、彭家大屋（蕉溪乡）、楼古（路口乡）、山田和泮春等地逐渐形成了新的集镇。

2. 苏区的经济社会发展状况

浏阳是一个革命老区，在土地革命时期，浏阳作为湘鄂赣苏区的核心区域，在中共地方党组织和苏维埃政府的领导下，管辖着一片特殊地域，一方面积极开展对国民党反动政权的军事斗争，另一方面领导苏区军民开展经济和文化建设，在很多方面富有显著特色和建设成效。

鼓励发展种养殖业和手工业，开办各类合作社，兴办雇工农场。1930年4月县苏维埃政府成立后，设药材公卖处，负责药材批发、价格调整、省县交流及处理逃亡药商资产。

发行货币和债券，稳定金融秩序，粉碎国民党经济封锁。为了统一货币，搞活流通，促进生产发展，解决群众困难，1930年冬，湘鄂赣苏区各县都相继建立了工农兵银行。浏阳县苏维埃政府也于同年11月建立了浏阳县工农兵银行。

组织苏维埃财政收入，保障苏区经费支出。苏维埃财政收入，一是向富农和资本家筹款。县、区成立没收征发委员会。二是组织捐款。1930年苏区物资供应困难，县苏维埃对东门、官渡、古港等镇的资本家进行捐款，解决了一些问题。三是征收农业税和山林税。在中央暂行税则颁布之前，浏阳就开征了土地税。课征对象为农业主产品。课征标准按照全家每年生产的人均收获，除去必要的生活支出，再定出人均开征的最低数及累进税。四是组织债务收入。发行省苏维埃印发的公债；在反围剿的艰苦岁月，苏区人民与苏区政权共存亡，热情借钱借粮给苏区政府。

县苏维埃于1930年秋，创办石印局、造币厂、被服厂、军械厂、纸业公社、消费合作社和西岭农林场。所办厂、社、场主要为革命战争服务，上缴财政为数不多。

苏区财政支出，主要由战争经费、党政经费、经济建设经费、文教卫生经费及抚恤救济经费构成。

第十一节

乱世亮色

——民国时期浏阳的教育卫生和文化事业

辛亥革命之后的浏阳，虽然经历了民初军阀混战和大革命、土地革命、抗日战争和解放战争各个时期，期间战乱频仍，政局动荡，但是民国和国民党当局一俟政局相对稳定，即采取了措施推动文教卫生事业发展，如增加教育经费，加强学校教育，发展社会教育、新闻事业和卫生事业。与此同时，浏阳苏区政权克服巨大困难，军民共同努力，文化教育和卫生事业也在游击战争的艰苦环境中获得了较大发展。

1. 教育

到民国十六年（1927），全县已有高小 25 所，初小 900 来所，在校学生 3 万余人，比清末增加 5 倍。民国十五年，21 个学区普遍办起了 1—2 所女子职业学校。民国十六年实行男女合校，全县绝大多数女子职业学校与当地高小合并。截至民国三十八年止，仍保留下来的女子职业学校有崇义、普安、达群三所。至 1949 年浏阳解放前夕，全县共有中心国民学校（高小）41 所，保国民学校（初小）448 所，简师附小 1 所，私立高小 24 所，私立初小 502 所，在校小学生共 32400 人。全县 4 所公、私立中学仅有学生 740 人，约占全县总人口的 1%；小学虽有 1016 所，但在校学生不过 32400 人，较之民国十六年基本没有增长。社会上的文盲、半文盲则占到总人口数的 60% 以上。

民国时期，除教育行政机关经费列入县财政统一开支外，其余各级学校均自筹资金，一般都有田租、房产，各校设校产经理。聘请教师、增添设备、修葺校舍等项费用，均在田租、房租收入项内开支。

2. 卫生

民国三年（1914）起，县知事公署第二科兼管卫生行政。民国二十四年设县卫生院，管理全县卫生行政及开展医疗业务，先后在官渡、张坊、枨冲、文家市设立卫生所。民国三十五年改为三个医疗队巡回医疗。

（1）民国时期卫生事业机构

一是红十字会医院。民国五年（1916）创建，是浏阳最早的一个医院，设门诊、住院两部，有英籍和本国医师、护士10余人。民国二十八年日机轰炸浏阳城后停办。二是县卫生院门诊部。民国二十四年开设，系当时全省25个甲级医院之一。主要开展门诊业务，并设临时病床4张。有显微镜等设备。能进行小型手术和处理一般难产。三是县公医院。民国三十六年8月创建，设门诊、住院两部，有病床40张、医护人员18名，是当时浏阳规模最大的医院，但经费困难，业务不多。四是天主堂医院。由法籍神甫罗保田于民国三十六年创办，设门诊、住院两部，有内、外、眼科，医护人员14名（含意籍4名）。解放后由县人民政府接收。1951年4月与县人民政府卫生院医疗业务合并，改称县联合医院，为县人民医院前身。

（2）苏区卫生事业

第二次国内革命战争时期，红军在浏阳苏区建立卫生处医院医务所、四区救护所、白沙地方治疗所、红军医院等，治疗红军伤病员，开展群众卫生防疫活动，免费治疗贫苦病人。红军医院是浏阳苏区规模最大的医院，1930年末由红五军驻小河医务所扩大而成，下设五个治疗所。以自采自制中药为主，绷带、纱布反复消毒，多次使用。外科能施行截肢手术。设院两年，收治伤病员数千人。

3. 文化事业

（1）报刊

早期革命报刊：《浏阳周刊》，1921年春，在反帝反封建新思潮推动下，由浏阳驻省学友会陈章甫（陈昌）、陈作为、陈润崇、李焕荐等集资创办，由浏阳驻省学友会和县劝学所发行。以宣传马列主义、传播新思想为宗旨，刊载过《中国共产党宣言》等许多重要文章。1925年5月停刊。《新民刊》，1922年9月，浏阳北区学生以田波扬、潘心源为首，成立“浏阳驻省学友会浏北分会”，并创办“浏北新民社”，发行不定期的《新民刊》。它以知识分子为对象，积极宣传革命理论，先后发表过郭亮创作的《列宁记》等文艺作品。停刊时间不详。

苏维埃报刊：《暴动周刊》，1930年9月8日由浏阳县苏维埃政府创办。宗旨是“加强马列主义的介绍，扩大共产党和苏维埃的影响，提高群众政治思想水平，实现土地革命。”《新浏阳》，中共浏阳县执行委员会 1930 年 10 月创办，旬刊。《斗争先锋》，1931 年 12 月 1 日由中共浏阳县委创办。四开石印版，为当时中共浏阳党组织的最高机关报。《前进报》，1932 年由浏阳县苏维埃政府文化委员会创办，以“宣传革命理论和苏维埃政策，鼓舞先进，批评错误”为己任。

民国报刊：《浏阳日报》，民国十七年（1928）由国民党浏阳县党部创办，铅印，日报，几经反复，最终于 1949 年 3 月停刊。《时事商报》，民国三十五年 8 月 1 日，浏阳县商会理事长张启腾等人集股创办。其宗旨是“报导新闻，沟通商情”。《正风报》，民国三十八年由谭虎发起创办，7 月试刊，当月即停。

（2）图书馆和书店

民众（中正）图书馆。民国十八年（1929）11 月，成立民众图书馆，民国二十四年并入民众教育馆。民国三十五年又从民众教育馆分出，名为县中正图书馆，馆址设奎文阁，面积约 300 平方米，藏书约万册。

列宁图书馆。1930 年 10 月，县苏维埃政权在小河潭湾建立，除管理图书外，并承印苏区的布告、文件、列宁学校课本和宣传资料。1932 年 12 月与湘鄂赣省苏维埃石印局（设江西万载境内）合并。1933 年冬停办。

浏西文化分社。1920 年暑假，陈昌在金江高小创建长沙文化书社浏西文化分社，于当年 11 月 10 日开业。销售《向导》《中国青年》等各种进步书刊。1923 年，陈昌等进步教师先后离开金江，金江高小校长换上了顽固派分子，浏西文化分社被迫停办。

私营书店。清末浏阳出现以发行为主的书店，如经营书纸业及刻字业的群贤阁，专售古书的古香阁等。至民国三十四年（1945），县城书纸印刷业商店达 20 余家，员工 140 多人。清末至民国，浏阳集镇有书店 40 家以上。

第十二节

浏阳解放

——国民党在浏阳的统治终结

历史的长河中，1949年也许并不遥远，但是在浏阳，以这一年的7月19日作为分界线，一边是国民党政权的黯然谢幕，一边是中国共产党新政权的跃然新生，这一切都在1949年的夏天发生。

1. 黎明破晓——中共浏阳县工委迎接解放的准备工作

1949年5月16日，武汉解放，白崇禧率部逃窜湖南，企图在湖南境内抗拒解放军南下，并以主力一部分窜驻浏阳。在地下党组织的领导下，放假回家的学生就地宣传人民解放军南下的消息和党的政策，让父老乡亲认清形势，迎接解放。

7月，当中国人民解放军进入湖南境内时，为维护社会治安，浏阳地下党组织开展了反破坏斗争，积极宣传共产党的政策，安定了人心。

7月上旬，为迎接解放，县工委发动群众，反抗县政府征粮、征税、征拉民夫和转移粮油货物，加强稳定工作，开展护厂、护校的斗争。在县工委的领导下，浏阳师范、县立中学进步师生组织宣传队，教唱革命歌曲、排练秧歌、制作宣传横幅，还组织护校队准备迎接解放军的到来。

7月19日上午，人民解放军先头部队进入县城，纪律严明，秋毫无犯，令百姓感叹不已。当县工委发出支前号召后，全县上下一呼百应，各地纷纷成立支前委员会和支前站。全体党员和广大群众积极投入支前工作，千方百计筹集粮草，组织运输队。全县形成了全党总动员，全民忙支前的局面。

2. 浏阳新生——人民解放军解放浏阳和新县委的成立

1949年7月18日，人民解放军先后分三路从平江、铜鼓、万载进入浏阳县境。一支以一一九师为前锋由平江经社港、淳口进驻县城外的蕉溪岭；一支以一一八师、一二O师从铜鼓经白沙、东门、达浒、官渡，攻下古港，进入县城；一支以四十五军前卫师为前锋，从江西慈化到达文家市，过澄潭江、大瑶、金刚向醴陵挺进。

7月19日下午1时，人民解放军第四十军部分官兵在县工委委员易武、湘东四支队三大队队长朱启发等陪同下，由东门进入县城。全城军民举着横幅标语，载歌载舞，热烈欢迎解放军进城。整个县城好像过节一样，鞭炮声、锣鼓声响彻浏阳河两岸。当天晚上，县工委赶往解放军驻地慰问，表达了老区人民对子弟兵的深情厚意。28日，由山西省晋中地区两个县的干部组成的南下县委，与县工委联合举行会议，正式成立中共浏阳县委。这是浏阳历史上新的里程碑。从此，作为执政党的地方组织，新县委在浏阳肩负着新的历史使命，在浏阳历史上翻开了崭新的一页。

附录 1

民国时期浏阳中共党组织、苏维埃政府负责人名单

1926—1949 年 7 月中共浏阳县委历任书记、副书记

任职时间	职　务	姓　名
1926.10—1928.6	书记	潘心源
1928.6—1928.10	书记	张启龙
1928.10—1929.3	书记	王首道
1929.3—1929.10	书记	刘大荣
1929.10—1930.3	书记	陈桂元
1930.3—1930.6	书记	张启龙
1930.6—1930.10	书记	张元高
1930.10—1932.2	书记	左之前
1932.2—1932.4	书记	欧觉
1932.4—1932.8	书记	朱桂生
1932.8—1933.5	代书记	周笃初
1933.6—1934.11	书记	彭建新
1933.6	副书记	杨国才
1934.11—1935.3	代书记	傅斌

1935.3—1935.12	代书记	晏章
1935.12. 6—1935.12下旬	书记	杨魁
1935.12	副书记	黄华
1936—1936.9	代书记	邱策新
1936.9—1937.2	书记	陈洪
1937.2—1937.9	代书记	张兰
1937.9—1938.2	湘鄂赣特委 驻浏办事处主任	罗益成
1938.2—1938.5	书记	陈洪
1938.5—1938.7	代书记	罗其南
1938.7—1938.9	书记	罗安仁 （即江欲曙，后叛变）
1938.9—1939.9	书记	慕容楚强
1938.9	副书记	瞿茂生
1939.9—1940.4	书记	欧阳羽霓
1940.4—1940.5	代书记	欧阳仕厚
1949.3—1949.7	县工委书记	赵振湘

2. 浏阳县苏维埃政府历任主席、副主席名单

届次	主席	副主席	附注
1	张启龙	黄仁（即汤烈成）	张启龙任职至 1930 年 6 月调任湘东特委书记，主席由黄仁代理。
2	刘文初	何振吾（熊青山）	刘文初任职至 1932 年 7 月，调中共湖南省委组织部工作，主席由何振吾代理，至 1932 年 7 月，何振吾调任湘鄂赣省苏维埃土地部部长。
3	胡斌	杨宏炳	胡斌调省苏维埃劳动部工作，杨宏炳继任主席。
4	杨宏炳	杨盛珊	杨宏炳任职至 1934 年春，叛变，赵龙代理主席。1934 年 6 月，赵龙调任省苏维埃内务部长，副主席杨盛珊代理主席，1934 年冬杨盛珊牺牲。
5	苏文	周良	苏文任职至 1935 年 8 月牺牲，左标代理主席。左于 1935 年 1 月因故免职，陈章代理，陈章任职至 1935 年冬改选。
6	李茂	徐达（即罗蓬初）	李茂任职至 1936 年 3 月牺牲，徐达继任主席。
7	黄忠		黄忠任职约一个月牺牲，县总工会委员长陈介兴代理主席。陈于 1936 年冬牺牲，李祥代理主席，李于 1937 年 5 月叛变。

附录 2

民国时期浏阳历任知事、县长和议长名单

民国时期浏阳历任知事、县长名单

姓　名	籍　贯	就任时间	姓　名	籍　贯	就任时间
刘席珍		民国元年	唐维藩		民国十三年
任泽兰		民国元年	熊巂		民国十五年
杨继猷		民国二年	郭恢唐		民国十五年
高维道		民国六年2月	刘仲和		民国十五年
吴起凤		民国七年	杨大光		民国十五年
谢渊	黔阳	民国七年9月	萧骧	衡阳	民国十五年
易凤祺		民国九年	邵振维	浏阳	民国十六年
杨文炜		民国九年	刘申佑		民国十六年
刘武		民国十年	谭鼎		民国十七年
罗良铎		民国十年	彭维翰		民国十七年
魏联蔡		民国十年	柳维垣		民国十八年
谭炳鉴		民国十一年	魏道明		民国十八年
刘其达		民国十一年	王紫剑		民国十八年
李崇纯		民国十一年	朱树钦		民国十九年
彭耀奎		民国十二年	余子诚		民国十九年
余鸣时		民国十二年	陈炳文		民国十九年

姓　名	籍　贯	就任时间	姓　名	籍　贯	就任时间
彭义祐		民国二十年	谷声震	耒阳	民国二十九年
柏式诺	祁阳	民国二十年	段辅尧	益阳	民国三十年
李耀南	四川秀山	民国二十一年	李公达	江苏	民国三十三年
尹仲材		民国二十一年	邓为仁		民国三十四年
左国雍		民国二十二年	李公达	江苏	民国三十四年
王英兆	醴陵	民国二十三年	文子纯	湘潭	民国三十五年
龙之瑞	醴陵	民国二十三年	刘一诚	益阳	民国三十六年
徐庆誉	浏阳	民国二十六年	魏逸群	平江	民国三十七年
夏正猷	平江	民国二十七年	唐佑樾	浏阳	民国三十八年
张明达		民国二十七年	焦达悌	浏阳	民国三十八年
谢复初	浏阳	民国二十八年			

注：

民国十六年4月，县长萧牖被逐，邵振维（女）当选为县政务委员会主席，代行县长职权。

民国时期浏阳县议会、参议会历任议长、副议长名单

类　别	时　间	议　长	副议长
议会	民国元年	刘性淇	鲁忠会
	民国十年	刘性淇	曾德昕
	民国十一年	罗弗岑	唐试勋
参议会	民国三十五年	邱方楠	何珍吾

主要参考文献

［汉］司马迁著，逯宏校译：《史记》，哈尔滨出版社，2017年版。

［晋］陈寿撰，陈乃乾校点：《三国志》，中华书局，1959年版。

［北魏］郦道元著：《水经注》，线装书局，2016年版。

［唐］房玄龄等撰：《晋书》，中华书局，1959年版。

［后晋］刘昫等撰：《旧唐书》，中华书局，1959年版。

［唐］李吉甫撰，贺次君点校：《元和郡县图志》，中华书局，1983年版。

［宋］祝穆编著，祝洙补订：《宋本方舆览胜》附《人名引书地名索引》，上海古籍出版社，2012年版。

［清］徐松辑：《宋会要辑稿》，中华书局，1957年版。

［明］孙存、潘镒修，［明］杨林、张治撰，梁小进、范洁点校：《嘉靖长沙府志》，湖南师范大学出版社，2017年版。

［清］同德斋主人编，鄢蕾标点：《广湖南考古略》，湖南教育出版社，2010年版。

［清］穆彰阿、潘锡恩等纂修：《大清一统志》，上海古籍出版社，2008年版。

［清］曾国荃、郭嵩焘、李元度等总纂：《光绪湖南通志》，湖南人民出版社，2017年版。

［明］萧敷主修，［明］刘以身纂修：《嘉靖浏阳县志》，嘉靖四十年刻本。

［清］谢希闵等主修，［清］王显文总纂：《嘉庆浏阳县志》，嘉庆二十四年刻本。

［清］王汝惺等修，［清］邹焌杰等纂，汤锐点校：《同治浏阳县志》，岳麓书社，2018年版。

［清］谭嗣同撰，何执点校：《谭嗣同集》，岳麓书社，2012年版。

朱羲农、朱保训编纂：《湖南实业志》，湖南人民出版社，2008年版。

伍星福、刘泱泱、宋斐夫主编：《湖南通史》（古代卷、近代卷、现代卷），湖南出版社，1994年版。

谭仲池、杨建宏、彭平一、薛其林等主编：《长沙通史》（古代卷、近代卷、现代卷），湖南教育出版社，2013年版。

熊建华著：《湖南商周青铜器研究》，岳麓书社，2013年版。

北京吴简研讨班编：《吴简研究》（第一辑），崇文书局，2004年版。

北京吴简研讨班编：《吴简研究》（第二辑），崇文书局，2006年版。

北京吴简研讨班编：《吴简研究》（第三辑），崇文书局，2011年版。

谭其骧主编：《中国历史地图集》，中国地图出版社，1982年版。

廖静文主编：《千年胜迹湖湘图志》，湖南人民出版社，2010年版。

罗威著：《湖南孙吴史》，中南大学出版社，2006年版。

何旭红著：《汉代长沙国考古发现与研究》，岳麓书社，2013年版。

刘云波、周庆炎主编：《长沙县通史》（一、二卷），湖南人民出版社，2014年版。

杨锡贵、梁小进编著：《长沙县历史文化丛书历史卷》上册，湖南人民出版社，2018年版。

浏阳县地方志编纂委员会编纂：《浏阳县志》，中国城市出版社，1994年版。

中共湖南省委党史研究室著：《中国共产党湖南简史（1920—2010）》，湖南人民出版社，2011年版。

中共浏阳市党史办公室编：《中共浏阳地方史（1921—1949）》，中共党史出版社，2007年版。

浏阳文物管理局编，朱玉喜主编：《浏阳文物》，内部资料，2011年版。

政协浏阳市第九届委员会编，李家喜、谢建国主编：《浏阳历史建筑遗存录》，内部资料，2015年版。

图书在版编目(CIP)数据

浏阳简史 / 李兆佳著 . — 长沙：岳麓书社，2021.6
ISBN 978-7-5538-1506-0

Ⅰ . ①浏… Ⅱ . ①李… Ⅲ . ①浏阳—地方史
Ⅳ . ① K296.44

中国版本图书馆 CIP 数据核字（2021）第 109764 号

书　　名　浏阳简史
　　　　　LIUYANG JIANSHI

著　　者　李兆佳
摄影作者　张伟华　李兆佳　熊　剑　陈伏明　胡昌昭
责任编辑　王文西
特邀编辑　陈　丹
责任校对　鲁云云
书籍设计　绿光视觉艺术工作室
出版发行　岳麓书社
地　　址　湖南省长沙市爱民路 47 号
直销电话　0731-88804152　0731-88885616
邮　　编　410006
版　　次　2021 年 6 月第 1 版
印　　次　2021 年 6 月第 1 次印刷
开　　本　787mm × 1092mm　1/16
印　　张　14.75
字　　数　242 千字
书　　号　ISBN 978-7-5538-1506-0
定　　价　60.00 元
承　　印　雅昌文化（集团）有限公司